パタンジャリ・ヨーガの実践

~そのヒントと例~

スワーミー・メーダサーナンダ

日本ヴェーダーンタ協会

献辞

　本書を敬愛する故スワーミー・ブーテーシャーナンダジー・マハーラージに捧げます。マハーラージは１９８９年から１９９８年の間、ラーマクリシュナ僧団の第１２代僧院長でした。副僧院長、僧院長としての長い在職期間中、彼は日本をたびたび訪れ、日本ヴェーダーンタ協会の信者達に深い霊性と学識、そして母のような愛によって大きな影響をあたえました。

発行者のことば

　パタンジャリのヨーガ（ラージャ・ヨーガ）は、「心」（包括的な意味での心）に浮かぶさまざまな考えを完全に止めることを目的としており、同時にこの目的に到達するための方法でもあります。ヨーガ哲学が勧める種々の修行を実践して「心」の動きを充分に静止することができなければ、ごく短時間でさえ真のダーラナー（集中）をおこなうことはできません。真の集中がさらに長く深く実践できるようになって初めてディヤーナ（瞑想）の実践にいたり、ある限られた種類の対象を瞑想することでサマーディ（三昧）を経験します。最も高いレベルのサマーディ（アサンプラギャータ・サマーディまたはニルビージャ・サマーディ）では「心」の動きが完全に止まります。ヨーギーの奥深くに内在する本性があらわれ、ヨーガの目標が達成され、自身の人生の目的も満たされるのです。

　古代インドにおけるヨーガ哲学（ラージャ・ヨーガ）の権威マハリシ・パタンジャリの編纂した『ヨーガ・スートラ』は、ラージャ・ヨーガの研究者や実践者の間でよく知られています。ラージャ・ヨーガに関してはこれまでにさまざまな翻訳書や注釈書が出版されてきました。中でもスワーミー・ヴィヴェーカーナンダが英語で執筆した『ラージャ・ヨーガ』は深い洞察に満ちた本で多くの人々に支持されており、日本ヴェーダーンタ協会から日本語訳も出版されています。

　本書『パタンジャリ・ヨーガの実践〜そのヒントと例〜』は、『ヨー

『ヨーガ・スートラ』を日本語に全訳して説明することが目的ではありません。ヨーガ哲学の道に従って真理を悟るための方法として『ヨーガ・スートラ』に述べられている「アシュターンギカ・マールガ」の実践を論じています。パタンジャリは、実際に意識の集中（ダーラナー）を始めるまえに体、エネルギー、感覚、心の各レベルで準備が必要であることを特に強調しています。しっかりとした準備ができていなければ真に集中することはできません。この集中ができて初めてディヤーナ（瞑想）に、さらにはサマーディ（三昧）に達することができるのです。本書ではこの準備について、適切な説明や例、さらにヒンドゥ教の聖典からの格言を用いてくわしく丁寧に解説しています。その内容は、ラージャ・ヨーガの実践者のみならず、ギャーナ・ヨーガ、バクティ・ヨーガ、カルマ・ヨーガの実践者にとっても有益なものとなることでしょう。また、ヨーガを学ぶ人だけではなく、より良い人生を願う人にとっても、身体面、精神面、道徳面での自己成長に役立つヒントになると思います。

　また、このような準備のあと、どのようにダーラナー（集中）とディヤーナ（瞑想）、そして最終的にはサマーディ（三昧）を経験することができるかについても、分かりやすく説明しています。こうしたプロセスを経て初めて、ラージャ・ヨーガの目的が達せられ、最高の喜び、絶対の平安、真の知識、完全な自由が得られるのです。これは人生の目的を達成することであり、全てのヨーガの目的を達成することでもあります。

　なお本書は、ヨーガ哲学についてヴィヤーサが著した伝統的な注釈書と、スワーミー・ハリハラーナンダによる近代の注釈書を主に参考にしていますが、スワーミー・ヴィヴェーカーナンダ（スワー

ミージー）による『ラージャ・ヨーガ』の注釈からも引用しています。ヴィヴェーカーナンダは著名なヴェーダーンティストでしたが、同時に近代の偉大なラージャ・ヨーギーでもありました。さらに、ヴィヴェーカーナンダの師シュリー・ラーマクリシュナとその出家の直弟子たちの霊的なメッセージや経験、『ヨーガ・スートラ』以外のヒンドゥ聖典、仏教など他の宗教についても随所で言及しながら、パタンジャリのヨーガ思想を分かりやすく説明するよう努めています。

本書は、東京のインド大使館で著者が定期的に行っている『バガヴァッド・ギーター』の講義において、内容に関連があることからパタンジャリの『ヨーガ・スートラ』の一部を数回にわたり解説したものを、Chang Wei - Chieh さんが丁寧かつ正確に書き起こしてくださったものが土台となっています。その後、これを村椿笙子さんと田辺美和子さんが出版用の原稿としてまとめられました。本書を出版する過程で多くの方々にご協力を頂きましたが、どなたもが「本書をできる限り良いものにしたい」と惜しみなくお力を貸してくださいました。中村郁子さんにはいろいろな面で多大なご尽力を頂き、増田喜代美さんは原稿を全て読んで貴重なご意見をくださいました。佐藤洋子さんには最終の校正をしていただきました。皆様の愛に満ちた奉仕に感謝いたしますとともに、主の恩寵がありますことを心よりお祈りいたします。

最後に、町田榮さんには、原稿作成の各段階で思慮に富む貴重なご意見を頂き、本書の序文も寄稿いただきました。心より感謝を申し上げます。町田さんは、長年経験を積まれた知識豊富なヨーガの先生で、関東で幅広い世代の生徒さんを指導してこられ、またヴェー

ダーンタの哲学と伝統にも精通されています。

　古代の聖者パタンジャリとシュリー・ラーマクリシュナの恩寵により、そして多くの方々の惜しみないご協力により、本書は出版のはこびとなりました。たくさんの方が本書に興味を持っていただけましたら幸いです。

改訂版発行者のことば

　当協会から出版された「パタンジャリ・ヨーガの実践　～そのヒントと例～」は好評を得て、初版以来１年も待たずに増刷する必要にせまられ、とても嬉しく思います。

　この機会にいくつかの事項を訂正し、小さな変更点を加えて改訂することにいたしました。

　改訂版が初版同様、読者の皆さんに喜んで受け入れて頂けることを期待しております。

序　文

　本書は、インドの聖者パタンジャリが編纂した聖典『ヨーガ・スートラ』に教示されたアシュターンギカ・マールガ（8つの実践部門）の実践的解説書です。『ヨーガ・スートラ』はラージャ・ヨーガの聖典です。それは心を主題とし、心の活動の止滅（真の自己の発見）と解脱を目的とした理論と実践の書です。

　また、本書にはラージャ・ヨーガだけでなく、インド哲学思想全般にわたる説明もふくまれ、日本の読者を前提とした分かりやすく具体的で親切な解説書となっています。ヨーガを学ぶ人たちにとって、その目的とは何か、それを実現するための方法とは何か、実践のプロセスにおいて注意する事がらは何か、などについて丁寧に説明されています。

　本書の著者であるスワーミー・メーダサーナンダ師は長い間、日本ヴェーダーンタ協会の会長として、インドのヴェーダーンタ思想やヨーガ思想の伝道に尽力してこられました。信者たちの熱心な招聘に応じて、各地で講話をされ、たくさんのヨーガを学ぶ人たち、インド思想に興味をもつ人たちと交流を続け、いろいろな体験をしてこられました。その結果として、インド思想とその実践法を日本人にどのように伝えればよいか、長年探求され熟考をかさねて、前回出版された『輪廻転生とカルマの法則』と、このたび出版されることとなった『パタンジャリ・ヨーガの実践〜そのヒントと例〜』を著述されたことと拝察いたします。

スワーミーはご自身の日本での体験をもとに、ご自身が影響を受けた多くの偉大なスワーミーたちや聖者たちの助言、そしてインドの有名な聖典に記されている教えの例を用いて、実に具体的に詳細に注意深く解説しておられます。

　この本が、ヨーガを学ぶ人たち、インド思想に興味をもつ人たち、人生の荒波に直面して苦しんでいる人たちの問題解決のヒントとなること、そしてそれぞれの目的実現とよりよい生き方の助けとなって、これからの人生に生かされることを心より願っています。

町田　榮（抱一^{ほういつ}）

＜略歴＞

シヴァナンダ・アシュラム（リシケシ）、ビハールスクール・オブ・ヨーガ、クリシュナマーチャリヤ・ヨーガマンディラムにてインド哲学、ハタ・ヨーガ、瞑想を研鑽（けんさん）。東京で長年ヨーガ教室を主宰し、その指導を続けている。

目 次

発行者のことば …………………………………………… 5
序文 ………………………………………………………… 9

第1章　はじめに ………………………………………… 13
第2章　ヤマ ……………………………………………… 31
第3章　ニヤマ …………………………………………… 53
第4章　アーサナ ………………………………………… 121
第5章　プラーナーヤーマ ……………………………… 135
第6章　プラティヤーハーラ …………………………… 159
第7章　サンヤマ（ダーラナー、ディヤーナ、サマーディ）…… 177
第8章　サマーディの結果 ……………………………… 207
第9章　おわりに ………………………………………… 223

用語解説 …………………………………………………… 227
索引 ………………………………………………………… 240

凡例
［1］などの表記は、注です。

注記
サンスクリット語はローマ字表記を付し、原語にもっとも忠実と思われるカタカナ表記にしました。

第1章　はじめに

パタンジャリの功績と『ヨーガ・スートラ』

　紀元前2世紀ごろ［1］の聖者とされるパタンジャリ（Patanjali）は、その功績から偉大な賢者、マハリシ・パタンジャリ（Maharṣi Patanjali）と呼ばれています。名前のパタは「落下してきたもの」、アンジャリは「手のひらを上に向け、両手をそろえて差し出すポーズ」——パタンジャリという名は、息子の誕生を太陽神に祈っていた母の両手のひらに、天から赤ん坊が降ってきた、という逸話に由来しています。

　パタンジャリは、ヴィヤーサ・デーヴァ（Vyāsa Deva）［2］と並び、聖者の中でも聖典の著者として有名です。とくに言葉、体、心という3つの異なる分野ですぐれた教典や注釈書を残しました。言葉については、パーニニ（Pāṇini）が書いたサンスクリット語の文法理論書『アシュターディヤーイー』（Aṣṭādhyāyī）の注釈書『マハーバーシャ』（Mahābhāṣya）を著し、サンスクリット語文法の細則を確立しました。体については、著作が見つかっていないため議論はあるものの、アーユルヴェーダに関する本をまとめたとされています。そして心については、ヨーガに関するさまざまな理論や実践を、主題を心にして体系化しました。それが『ヨーガ・スートラ』（Yoga sūtra）という経典です。

　『ヨーガ・スートラ』はインド六派哲学［3］のひとつ、ヨーガ哲学派（Yoga darśana：ヨーガ・ダルシャナ）の根本的聖典で、パタ

ンジャリはこの学派の開祖です。パタンジャリ以前から、ヨーガのさまざまな修行法、奥義、哲学的知識は個々に存在していましたが、初めてパタンジャリがそれらを整理し、それに自身の考えを加えて「ヨーガ哲学」として明確化したのです。

　タイトルにあるスートラとは「糸」という意味で、『バクティ・スートラ』（Bhakti Sūtra）や『ブラフマ・スートラ』（Brahma Sūtra）など、スートラと名のつく聖典はすべて短い格言の集まりから成っています。必要最小限の言葉で説明されているので短文で記憶しやすいものの、内容は深く精妙となり、理解がかなり困難です。そこで真意の説明が必要となり、『ヨーガ・スートラ』についてもさまざまな注釈書が書かれてきました。有名なところでは、ヴィヤーサによる『ヴィヤーサ・バーシャ』（Vyāsa bhāṣya）、その注釈書を注釈したスワーミー・ハリハラーナンダ（Swāmī Hariharānanda）によるもの、マドゥスーダナ・サラスワティー（Madhusūdana Sarasvati）によるもの、スワーミー・ヴィヴェーカーナンダ（Swāmī Vivekānanda）の『ラージャ・ヨーガ』、また『ヨーガ・スートラ』のさまざまな実践法をみずからおこなって確認したベンガル人の大著などがあります。本書では、そのような書物や注釈書を参考にしてパタンジャリが述べたヨーガについて論じていきたいと思います。

　　［1］パタンジャリの生存年代についてはさまざまな意見がある。
　　［2］ヴィヤーサについては用語解説を参照。
　　［3］六派哲学（ṣaḍ-darśana）は、サーンキヤ（Sānkhya）、ヨーガ（Yoga）、ニヤーヤ（Nyāya）、ヴァイシェーシカ（Vaiśeṣika）、ミーマーンサー（Mīmāṁsā）、ヴェーダーンタ（Vedānta）。

第 1 章　はじめに

アシュターンギカ・マールガ（8つの部分からなるヨーガ）

　現代のヨーガでは、肉体の技法が教えの中心となっている傾向がありますが、インドの伝統的なヨーガでは肉体に関する部分はとても小さいものです。パタンジャリ・ヨーガ［1］にも、アーサナ（座法）やプラーナーヤーマ（呼吸法）など肉体レベルの実践はありますが、あくまでそれは「目的のための準備」です。

　パタンジャリ・ヨーガのテーマは「心の探求」です。心について観察・分析・実践をして、心の浄化と集中を進め、サマーディという目的に向かいます。「サマーディ」とは一点集中を得て、心がその完全な支配下にある状態ですが、それは瞑想(めいそう)が完成すると、おのずとおとずれます。まさしくパタンジャリ・ヨーガは「心と霊のレベルのヨーガ」であり、「瞑想のヨーガ」や「ラージャ・ヨーガ」と呼ばれるゆえんです。

　心を研究する学問といえば心理学もありますが、心理学とパタンジャリ・ヨーガとでは手法がだいぶ異なります。心理学では研究者と研究対象は別個ですが、パタンジャリ・ヨーガでは研究主体と研究対象が同じです。つまり、心が、心自身を観察し研究するのです。

　しかし問題は、私たちが自分の心（内界）を観察するより、外界に注意を向けるように教育されてきていることです。心で心を観察すると言われても、観察の仕方も心の特性もよくわかっていないうえ、観察には集中力が必要ですが、高い集中力は即座に身につくものではありません。

　そこでパタンジャリは、実践者が徐々(じょじょ)に心の修練をおこないながら目的（サマーディ）に向かっていけるように、段階を踏んで進む実践の道を提示しました。すなわち実生活でおこなえる道徳的訓練

（ヤマ、ニヤマ）や、目に見え感じ取りやすいので初心者でもおこなえる肉体や感覚の実践（アーサナ、プラーナーヤーマ、プラティヤーハーラ）を準備として、もっとも重要な実践（集中、瞑想）へと進む、体系的ヨーガ・システムです。それが「アシュターンギカ・マールガ」（aṣṭāṅgika mārga：8つの部分からなるヨーガ）というパタンジャリ・ヨーガの根幹です。

アシュターンギカ・マールガ
（1）ヤマ（yama：禁戒）
（2）ニヤマ（niyama：勧戒）
（3）アーサナ（āsana：座法による肉体の制御）
（4）プラーナーヤーマ（prāṇāyāma：呼吸法によるエネルギー制御）
（5）プラティヤーハーラ（pratyāhāra：感覚の制御）
（6）ダーラナー（dhāraṇā：集中）
（7）ディヤーナ（dhyāna：瞑想）
（8）サマーディ（samādhi：合一）

仏教にも道徳的・霊的な教えを含んだ八正道[2]がありますが、アシュターンギカ・マールガにはその影響が見られます[3]。また実践を重視するパタンジャリ・ヨーガは「クリヤー・ヨーガ」（Kriyā Yoga：実践のヨーガ）と呼ばれることもあります。

[1] 本書で、パタンジャリ・ヨーガ／パタンジャリの『ヨーガ・スートラ』／『ヨーガ・スートラ』／ヨーガ哲学／ラージャ・ヨーガはすべて同じ意味である。

［２］八正道とは仏教で説く８つの正しい実践（正しい見解、正しい思惟、正しい言語、正しい行為、正しい生活、正しい努力、正しい想念、正しい精神統一）。

［３］仏教の開祖である釈迦の生存年代は紀元前５世紀ごろとされている。

『ヨーガ・スートラ』各章の紹介

『ヨーガ・スートラ』は４つの章から構成されています。第１章は「サマーディ・パーダ」（Samādhi-pāda）で、サマーディの種類や、サマーディにいたるまでの障害など、サマーディと心の性質の説明からなっています。第２章「サーダナー・パーダ」（Sādhanā-pāda）では、目的に到達するにはどのような実践をすればよいか、その具体例が示されており、この部分がアシュターンギカ・マールガです。

第３章「ヴィブーティ・パーダ」（Vibhūti-pāda）には、「あるものを瞑想するとこれこれの力を得る」というように、「いわゆる超能力」（シッディ：siddhi）についての説明があります。しかし実践の結果そうした力を得たとしても、それに魅せられて超能力のさらなる獲得が目的となったり、特別な力があるといううぬぼれから堕落(だらく)する危険性があり、パタンジャリはそれを繰り返し警告しています。超能力は実践の過程で生じる副産物です。こだわって立ち止まることなく、前進しなければなりません。

第４章「カイヴァリヤ・パーダ」（Kaivalya-pāda）のカイヴァリヤの語源はケーヴァラ（kevala）で意味は「これだけ」、すなわち「真理だけ」、つまり「心から独立している一者」についてがテーマです。『ヨーガ・スートラ』最後の節［１］ではそれは、「完成」「本性における確立」「失われた栄光が戻ってくる」［２］と表現されています。

［１］"Puruṣārthasūnyānāṁ guṇānāṁ pratiprasavaḥ kaivalyaṁ svarūpapratiṣṭha vā citiśaktiriti"（第４章は解釈によって節の数が異なる。３３節の版と３４節の版がある）

［２］『ラージャ・ヨーガ』スワーミー・ヴィヴェーカーナンダ、２５１頁（日本ヴェーダーンタ協会）２０１６年。

パタンジャリ・ヨーガの特徴

　近代インドを代表する賢者で、サマーディを経験した完全なヨーギー（yogī）であるスワーミー・ヴィヴェーカーナンダは、１８９０年代、現実的な思考や科学が尊重されるアメリカやヨーロッパへ渡り、ヨーガやインド哲学について多くの講演をおこない、霊性の向上に貢献しました。中でもパタンジャリのラージャ・ヨーガの講演は、それを聞いたイギリス人たちの興味を引き、とても感動させたそうです。現実志向の彼らは、神やブラフマンの信仰よりも、真理を科学的な手法で追究するパタンジャリ・ヨーガに魅力を感じたのです。

　パタンジャリ・ヨーガは、たいへんに実践的、実用的、科学的です。たとえば「水は２つの水素と１つの酸素からできている」という論理的推論があり、実験がその正しさを証明するように、『ヨーガ・スートラ』にも「このように実践すればこのような結果を得る」という論理があり、指示どおり正確におこなえば、ある人はできたけれども別の人にはできなかったということなく、論理どおりの結果が得られます。たとえそれが他人の心の中を知る瞑想、遠いところのでき事を知る瞑想、自分の前世を知る瞑想、または来世を知る瞑想であってもです。

科学は実験結果を信じ、それを重視します。同様に『ヨーガ・スートラ』も実践を信じ、その結果を重視しながら先に進みます。『ヨーガ・スートラ』は「心の科学」という分野の実験手引書のようです。手引きに従えば、初心者でも中級、上級へと進めます。そのうえ必要なものは「心」だけなので、すべての人が、事前に何の準備もなく実践できるヨーガなのです。これは信仰心や聖典のくわしい知識が必要な他のヨーガと大きく異なる点です。

パタンジャリ・ヨーガの目的

ヨーガという言葉の意味は「合一(ごういつ)」、つまりあるものとあるものがひとつになることです。また「合一にいたるための方法」を指す場合もあります。

ではこの「合一」にはどのような方法（ヨーガ）があるのでしょうか。ギャーナ・ヨーガ（Jñāna Yoga：知識のヨーガ）は一時的なものと永遠なものを識別し、永遠なるアートマンを集中して考える「知性を使った実践」で、アートマン（Ātman：個人的なレベルの魂）とブラフマン（Brahman：偉大なレベルの魂）の合一が目的です。バクティ・ヨーガ（Bhakti Yoga：愛と信仰のヨーガ）は神を愛する実践によって、バクタ（bhakta：信者）とバガヴァーン（Bhagavān：神）が合一します。カルマ・ヨーガ（Karma Yoga：行為のヨーガ）はつねに神とつながり、見返りを期待せずに行為することで、行為者と神の合一を目指します。[1]

パタンジャリのラージャ・ヨーガ（Rāja Yoga）は、心の探求の道です。そのためにヨーギー[2]は心を制御し、抑制し、瞑想の対象に集中して心の浄化を進めます。瞑想が最終的に完成して、瞑

想者（ヨーギー）と瞑想の対象と瞑想とがひとつになると、心は完全に純粋になっていて、サッチダーナンダ（Saccidānanda）［3］という自己の本性に合一するのです。なぜなら「純粋な心」と「サッチダーナンダ」は同じだからです。

この合一がサマーディです。すなわちジーヴァートマン（jīvātman：体、心、私意識など非実在のものを自分の本性と思い込んでいる自己）とパラマートマン（Paramātman：サッチダーナンダそのものである至高の自己）の合一です。サマーディを強調することは、パタンジャリ・ヨーガの大きな特徴となっています。

ところで異なるように見えるそれぞれのヨーガは、方法が違っても目的は同じです。純粋な心と、純粋な知性と、純粋な魂は同じだからです。ラージャ・ヨーガの最後にして最高の経験も、他のヨーガの最後にして最高の経験も、まったく同じ「悟り」なのです。

［1］アートマン、ブラフマン、各ヨーガについては用語解説を参照。
［2］本書ではラージャ・ヨーガの実践者を指す。
［3］サッチダーナンダとは、絶対の存在、純粋な意識、絶対の至福。すなわち自己の本性。

チッタの概念

ところで、「サマーディに入れば目的は達成される」なら、どうしてそれ以前のヤマ、ニヤマ、アーサナ、プラーナーヤーマ、プラティヤーハーラという段階が必要なのでしょうか。はじめからディヤーナ（瞑想）にとりかかり、それだけを練習してサマーディに入ることができれば、それがもっとも近道といえませんか？

第1章　はじめに

『ヨーガ・スートラ』の第1章2節"Yogaḥ citta vṛtti nirodhaḥ"（ヨーガハ・チッタ・ヴリッティ・ニローダハ）はとても有名な句です。直訳は「ヨーガとは心の考えの波を止滅すること」ですが、それを成し遂(と)げるのは、実はとても難しいことです。——ここでしばらく目を閉じ、心の様子を観察してみましょう——心は静かでしたか？　それとも動きまわっていましたか？　冷静に観察すると、心は絶えず落ちつきなく動いていたとわかったでしょう。心が動くとは「心に次々と考えが浮かぶ」ということです。それをパタンジャリは、心という湖に浮かんでは消える波のイメージで「チッタ・ヴリッティ」（心の考えの波）と表現したのです。

チッタについては、『ヨーガ・スートラ』で述べられているチッタと、ヴェーダーンタ哲学で述べられているチッタとでは意味するものが異なります。混乱しないように、ここでそれぞれの概念を確認しておきましょう。

（1）ヴェーダーンタ哲学におけるチッタ

チッタはアンタッカラナ（antaḥkaraṇa：内なる器官、innner organ(s)）の一部です。アンタッカラナは以下の4つからなっています。

①マナス（manas：心）……想像する、考える、計画する、願う、感じる、感情をもつ

②ブッディ（buddhi：知性）……識別する、理解する、分析する、決定する

③チッタ（citta：記憶）……記憶する

④アハム (aham：自我) ……「私」、「私の」という意識

(2)『ヨーガ・スートラ』(ヨーガ哲学) におけるチッタ

チッタは包括的な意味の「心」です。その「心」にはヴェーダーンタ哲学の①〜④すべての特徴が入っています。この「心」とは意識と潜在意識両方であり、サムスカーラ (saṁskāra(s)：人間の深い傾向)(後述) も含んでいます。

瞑想によって心の波は止滅する

瞑想とは「瞑想の対象について考え続けること」(用語解説を参照)で、それはパタンジャリ・ヨーガにおけるもっとも重要な実践です。対象に精神集中された究極の瞑想状態がパタンジャリ・ヨーガそのものであり、それにより目的を達成するからです。しかし心に次々と考えの波が立つような状態では、瞑想の対象に集中し続けることなどできません。たとえ目を閉じすわって瞑想しているようであっても、目以外の感覚は目覚めているので音に耳が反応し、においに鼻が反応し、あるいはサムスカーラの影響で心に子供時代の記憶が突然よみがえったりして、瞑想どころではなくなります。

実は、私たちが「瞑想」と称しておこなっているもののほとんどは、プラティヤーハーラ (感覚の制御) の実践です。目や耳などの感覚器官から波動が入ると、その波は心にあらわれ、心は瞑想の対象から離れてしまいます。そこで瞑想の対象へと引きもどす努力を繰り返しているのです。それが私たちの瞑想です。瞑想に深く没入したら、何も聞こえませんし、触れられても何も感じません。

ですがサマーディには高跳び、幅跳びで行くことはできません。

第1章　はじめに

ステップ・バイ・ステップの実践が必要で、準備的な実践を経て、心はしだいに瞑想に適したものへと変容していくのです。それがアシュターンギカ・マールガという実践法です。そしてひとたび実践をはじめれば、とても大きな結果——道徳的・精神的・霊的のいっさいのもの——を得ることができるのです。

考えるという心の働きについて

ここで「考える」という心の働きについて考察してみましょう。その特徴は、①「いつも」考えている、②「いろいろな内容」を考えている、③内容（考えの対象）は「一時的で有限なもの」である、④それらが原因で「心は落ちつかない」、とあげられます。

ヴィヴェーカーナンダは著書『ラージャ・ヨーガ』の中で、心について、たいへん的を射た描写をしています。

「1匹の猿がいました。猿なので当然のこと、落ちつきがありませんでした。その猿に、誰かが好きなだけ酒を飲ませ、猿はいっそう落ちつかなくなりました。次に猿はサソリに刺されました。サソリに刺されると一日中跳ね回るものですが、哀れな猿もそのようになって、状況はいっそう悪くなりました。最後、彼のみじめさを完成するかのように、悪魔が猿の中に入りました。この猿の、押さえる手段もない落ちつかない状態を、どう表現すればいいでしょうか？　人間の心は、その猿のようなものなのです」[1]

考えは、人が生まれたときから死ぬまで続きます。朝から晩まで、夢を見ている間にも続きます。インドの有名な叙事詩『マハーバーラタ』(Mahābhārata) の中には「数えられないものは何ですか？」という問いがあり、叙事詩での答えは「草」となっていますが、考

えのほうが数えきれないほど数多（あまた）です。なぜなら考えはやむことがないからです。まるで人の内側には「無数の考え」という巨大な宇宙があるようです。そこでは、「自分の体」「仕事」「人間関係」の過去、現在、未来についての、良い、悪い、良くも悪くもない考えが、あるときには粗大な形で、あるときには自覚できないほどの精妙な形で、次々に生まれています。

　ヴィヴェーカーナンダの説明には続きがあります。「人間の心はその猿のようなものです。もともと休む暇なく活動していますが、欲望という酒に酔っていっそう騒がしくなり、欲望に征服されたあとは他人の成功への嫉妬というサソリがやって来、最後はプライドという悪魔が心に入り込んで、自分をたいそう重要な者と思わせるのです。心を支配することの、なんと難しいことか！」［２］

　一方、自分の本性や、魂、永遠の真理、実在、神という霊的なものについて考えることは、無いか、ごくまれにしかありません。

［１］『ラージャ・ヨーガ』８１頁（日本ヴェーダーンタ協会）２０１６年。
［２］同。

考えの波が起こる原因

　心が猿のように落ちつかない原因は何でしょうか？

　①想像……想像は考えのひとつの種類です。人は過去・現在・未来に思いをはせ、さまざまな想像をしています。
　②欲望……食べるもの、飲むもの、容姿、服、家族、友人、家、名誉など、欲望の種類と数には際限がありません。問題は、欲望が

生じると、執着（rāga：ラーガ）と嫌悪（dveṣa：ドゥヴェーシャ）が生じることです。執着と嫌悪は相反する概念ですが、心を落ちつかなくさせる点では同じです。

③感情……良い感情には、慈悲深さ、調和、愛など、悪い感情には、暴力、憎しみ、怒り、肉欲などがありますが、どちらも心を落ちつかなくさせます。

④サムスカーラ……サムスカーラとは、過去の印象の蓄積による、その人の傾向です。過去の印象には今生で得たものだけではなく、前世（複数）から引き継がれた印象も含まれます。それらがその人の深い傾向となって潜在意識にかくれ、無意識のうちに今の考えや行動に影響をあたえているのです。

　心（チッタ）には、自覚している意識（顕在意識）以外に、膨大な潜在意識があります。潜在意識は心の奥底にあり、表面の意識はきれいなようでも、潜在意識のサムスカーラから考えの泡が心に浮かんできます。瞑想セッションなどで心が静まる経験をした人は、「ヨーガハ・チッタ・ヴリッティ・ニローダハ」など簡単だ、と思っているかもしれません。また熟睡しているときには何も考えていないのだから、毎日考えの波を止めているではないか、と言う人もいるかもしれません。しかしそれらはま違いです。「ヨーガハ・チッタ・ヴリッティ・ニローダハ」とは心のすべての考えを止めることで、普段は無自覚の潜在意識までコントロールすることなのです。簡単なことではありません。それでもパタンジャリは、アシュターンギカ・マールガの実践が、心（チッタ。包括的な意味での心）のすべての考えの波を止滅させると言っているのです。

心の5つの状態

パタンジャリは『ヨーガ・スートラ』で、心には5つの状態があると説明しています。近代にはフロイト、エリス、ユングなど著名な心理学者がいますが、はるか昔のインドにおいて、パタンジャリがどれほど深く人間の心について研究していたかを知ると、本当に驚きます。かつてパタンジャリほど深い洞察力を持った偉大な心理学者がいたでしょうか。

（1）クシプタ（kṣipta）

1秒も同じところにとどまっていることができず、まったく落ちつかず、集中できない心の状態。顔があちこち向き、ジャンプしながらせわしく動き、ひとときも静かに座っていられない猿のような状態。デパートや繁華街に行くと、さまざまなものに目を奪われ、心はたちまち猿のように落ちつかなくなります。

クシプタは、心のいちばん低い状態です。特徴は「正しい理解がまったくできない」「忍耐力がまったくない」「まったく集中できない」「精妙なものを理解することができない」などですが、ある種類にだけ集中することができます。それは憎しみや暴力といった否定的な感情です。クシプタではその感情があるときだけ集中ができます。ですがそれはたいへんネガティブな状態です。クシプタの状態で、瞑想は不可能です。

（2）ムーラ（mūḍha）

眠ったような心の状態。体も動きたくなくてじっとしていますが、

瞑想をしているわけではありません。またこの状態で、瞑想はできません。ムーラの特徴には「感覚的なものが好き」「感覚的快楽をもっとも好む」「好きなものに執着する」「執着したものについては集中できる」「精妙なものについては集中できない」などがあります。ムーラの人は多くいます。彼らは精妙なもの、霊的なもの、神聖なものについて、集中することはできません。

（3）ヴィクシプタ（vikṣipta）
ときどき心が神聖なものに集中し、しずまる状態。一瞬も心が落ちつかないのがクシプタですが、ヴィクシプタではときどき落ちつくことがあります。このとき瞑想が可能となり、それがダーラナーです。しかしその状態は短時間で消え、ふたたび世俗的なものについて考え始めて心は落ちつかなくなります。ヴィクシプタでは、長い瞑想はできません。

（4）エーカーグラ（ekāgra）
エーカーグラの意味は「集中」です。ヴィクシプタがレベルアップした状態で、このときはじめて長時間の瞑想ができます。瞑想の対象は、永遠、真理、実在、神などの神聖な対象（霊的なもの）で、一時的なもの（世俗的なもの）ではありません。エーカーグラの状態がディヤーナです。

（5）ニルッダ（niruddha）
エーカーグラの集中は比較的長く続きますが、また元の状態にもどります。ニルッダはずっと集中が続く状態で、心の考えの波が完

全に止まり、無くなった状態です。このときサマーディに入ります。

　私たちの心のレベルはどの段階でしょうか。ほとんどの人は、あちこち動きまわるクシプタの状態と言えるのではないでしょうか。ヨーガはいつから始まるのかといえば、ヴィクシプタの状態からです。そのとき短時間ですが、ときどき集中できています。それが進むとエーカーグラの状態となり、比較的長い集中が続き、最高の状態がニルッダです。ずっと集中が続き、ニルッダからサマーディに入ります。それがヨーガです。

考えの波が完全に止滅するとき
　たとえ良い考えであっても肯定的な考えであっても、考えがあるかぎり波は立ちます。パタンジャリ・ヨーガの最終目的は、良い考えも悪い考えも含めて、すべての考えの波を止滅することです。そのために、はじめは悪い考えや否定的な考えをなくしていきます。すると残るのは良い考え、肯定的な考えだけとなり、それらをもなくしていくと、純粋な心だけとなるのです。

　「すべての考えは障害である。それを取り除けば本性があらわれる」という考え方は、ヴェーダーンタ哲学が「サットワ的考えで、タマス的・ラジャス的考えをなくしてゆき、最終的にはサットワ的考えをも超越して、自由（悟り）を得よ」と教えていることと同じです。考えの波が止滅したとき、すなわちサットワ（sattva：純質）もラジャス（rajas：激質）もタマス（tamas：闇質）[1] も超越したとき、心の底のアートマンがあらわれます。

　実は永遠無限なアートマンは、人格の基礎として私たちの内側に

第1章　はじめに

ずっとあるのですが、心が落ちつかない間はそれがあらわれません。太陽はいつもあるのに、湖の波の動きが邪魔をして、湖面にその姿がうまく映らないのと同じで、心が動いて揺らいでいるために、心にアートマンがうまく反射しないのです。そこでパタンジャリ・ヨーガでは、風（欲望によっておこる風）を止める実践をします。

　また、湖の底にアートマンがあっても、水が汚れているとアートマンが見えないので、汚れ（否定的な考えやサムスカーラ）を取り除いてきれいにし、アートマンがあらわれるようにします。これら①湖の波をしずめる［＝心をしずめる］、②湖の水をきれいにする［＝心を清らかにする］という2つのチャレンジが、次章以降のアシュターンギカ・マールガの各実践です。

　一般的に考えられている幸せは、１００％外からのものです。しかし本当の幸せは、自分の内側にあります。永遠無限のアートマンは、内なる魂として、誰の内側にも存在しているのです。パタンジャリが説く、本当の幸せを理解してください。幸せを外に探さず、中に探してください。そのための準備がヤマ、ニヤマから始まります。

　　［１］サットワ、ラジャス、タマスの詳しい性質については、用語解説「３
　　　つのグナ」を参照。

第2章 ヤマ

ヤマ［禁戒］
（1）アヒンサー（ahiṁsā）［暴力をふるわない］
（2）サッティヤ（satya）［うそをつかない］
（3）アステーヤ（asteya）［盗まない］
（4）ブラフマチャリヤ（brahmacarya）［性的欲望に無条件に従わない］
（5）アパリグラハ（aparigraha）［必要最小限なもの以外は欲しがらない］

ニヤマ［勧戒］
（1）シャウチャ（śauca）［清潔］
（2）サントーシャ（santoṣa）［満足］
（3）タパス（tapas）［苦行］
（4）スワーディヤーヤ（svādhyāya）［聖典学習］［オームの実践］
（5）イーシュワラプラニダーナ（iśvarapraṇidhāna）［神を瞑想する］

ヤマ、ニヤマは心の畑の準備

　ヤマ（yama）は「〜をしない」という5つの禁戒です。否定をあらわす接頭辞 ni がついたニヤマ（niyama）は「〜しなさい」という5つの勧戒です。ヤマとニヤマは一対のセットです。すべての

実践を、心、言葉、行動が一致するようにおこなうことが重要です。

「道徳的になる」「心を清らかにする」「集中する」というヤマ、ニヤマの実践は、ヨーガ実践者のためだけでなく、すべての人に（人生の基礎を学ぶ時期の学生には特に）有益な実践といえるでしょう。またヤマ、ニヤマはヨーガ哲学という一学派に限った実践ではなく、すべてのヨーガ、すべての宗教において説かれている道徳的な基礎と同じです。

よい野菜を収穫するには土壌から石や雑草を取り除き、やわらかく耕す作業が必要ですが、心の畑はヤマ、ニヤマによって準備されます。ヤマ、ニヤマを『ヨーガ・スートラ』の指示にしたがい実践することが、アシュターンギカ・マールガの基礎をつくります。

第 2 章　ヤマ

第 1 節　アヒンサー（非暴力）

霊的実践の基礎

　ヒンサー（hiṁsā：暴力）という名詞に否定の接頭辞 a がついたアヒンサー（ahiṁsā）は「暴力をふるわない」「非暴力」という意味で、アヒンサーはアシュターンギカ・マールガの最初の実践として重要です。理由のひとつは、暴力的性質を取り除かないかぎり心は落ちつかず、心に静けさと集中がなければ瞑想に進めないから、もうひとつは、非暴力は道徳の基礎だから、というものです。根拠は「私たちが宇宙のすべてを創造したわけではない。創造していないのに、それらを傷つけたり殺したりする権利はない」という点にあります。

　さらに「非暴力はすべての善なる性質の基礎」であることも理由です。心に暴力的な考えがあるかぎり、清らかになれず、良い性質も育たなければ、霊的にもなれません。真実、親切、慈悲、調和、普遍的な愛、謙虚、清らかさなどの霊的な性質は、非暴力が確立されて初めて育つのです。アヒンサーは霊的実践の基礎であり、人生の第一条件です。

アヒンサーの意味

　暴力というと肉体的な暴力をイメージしがちですが、アヒンサーを「傷つけない」という考えにまで広げれば、言葉や心においても傷つけてはいけないのだと気づきます。会話の中で、相手を傷つける言葉を使えば言葉の暴力ですし、心の中だけであっても、相手に嫉妬、怒り、憎しみといった否定的感情を抱いているならそれも暴

力です。非暴力の実践と称して菜食をしていても、心が憎しみに満ちているなら、その人は非暴力の実践者とはいえません。真の意味の菜食主義とは、動物を殺して食べないだけでなく、植物にも暴力をふるわず、なおかつ心の中にも暴力的考えがないことです。「ベジタリアンになったから私は非暴力を実践している」と思うなら、それは浅い考えといえるでしょう。

アヒンサーの実践は、体、言葉、考え、行動の各レベルにおいて、他者を傷つけないことを念頭になされなければなりません。そこまで深く実践しなければ、心を純粋にすることはできません。心を純粋にするもっとも基礎的な実践がアヒンサーなのです。

アヒンサーの対象

ではアヒンサーは、何に対して実践されるべきでしょうか。まずは人間に対して傷つけない、殺さないことはもちろん、人間以外の生きものや植物に対しても同様です。植物にも意識があり、痛いという感覚もあります。子供は遊びで木の枝を折ったり葉をむしったりしますが、アヒンサーの実践が深まると、木には木の意識があるとわかり、自分の行為が木を傷つけていると気づくようになります。

イソップ物語にこのような寓話があります——田舎の田んぼにはカーコーカーコーとオーケストラのようになくカエルがたくさんいます——あるとき子供たちがカエルに石を投げて当てる遊びをしていました。するとあるカエルが「どうしてそんなことをするのですか？」と言いました。子供たちは「だっておもしろいんだもの！」と答えました。それを聞いたカエルは「あなたたちにとっては『遊び』です。でも私たちにとっては『死』です！」と言いました。

アヒンサーは、すべてのものに対しておこなわれることで完璧な実践となります。人に対するアヒンサーから、動物、植物、全宇宙に対するアヒンサーに広げていくことで、心から暴力という考え自体がなくなっていくのです。

アヒンサーの例外

アヒンサーには少しの例外があります。それを考慮せず、やみくもに実践すると、混乱するおそれがあります。アヒンサーの例外は、聖典に詳しく説明されています。それを参考にして、自分でよく考えたうえでアヒンサーの実践をおこなうことが肝要です。

①人間が生きるために必要な殺生(せっしょう)

人間が生きるために必要な殺生は暴力ではありません。菜食主義者も植物の命をうばっていますし、歩くとき、掃除するとき、調理するときなどには無意識に虫や細菌を殺しています。人間は何も殺さずに生きていくことはできません。

また菜食主義者は「動物は殺してはいけない」と言うかもしれませんが、輸送手段もない昔に、野菜ができない寒冷地で生活する人びとは、何を食べればよかったでしょうか？ 狩りをして動物の肉を食べるよりほかになかったでしょう。肉体を維持するための殺生は罪ではなく、それは非暴力を修行の柱とした釈迦でも許していることです。しかしながら私たちは生きるために食べるのであって、食べるために生きるべきではありません。自分の欲望のために、多くの殺生をしてはなりません。

また肉体維持のために動物や魚を殺したのだから、その行為は当

然だ、と思うこともまちがっています。彼らは私たちを生かすために自分の命を捧げました。それらの魂のためには祈らなければなりません。食事のときに「いただきます」「ごちそうさま」と神に祈るだけでなく、「ありがとうございます」と彼らの魂にも祈りましょう。また花をとるとき、野菜をとるときにも、花や野菜に許可をもらってとってください。すると清々(すがすが)しい気持ちになるだけでなく、慈悲心を育てる実践にもなります。花や野菜は喜んで「どうぞとってください」というでしょう。

　ところで「生きるためにどれだけ必要か」という程度については、自分の良心を使ってよく内省して決めてください。他人にその限度を決めてもらうことも、他人がその実践をすることもできません。自分自身で熟考しなければ、深い実践にはなりません。

　②儀式のための殺生

　聖典は、特別な儀式のためであれば、生きものを捧げものとして屠(ほふ)ることも認めています。しかし釈迦は、それも人が欲望を満たすための暴力だと考えて、とても反対しました。神を喜ばせることが目的であっても、多くの動物を犠牲供養のために殺すのはもちろんよくないことです。それは罪にもつながります。

　③危害を加える者から身を守る

　危害を加える者から身を守るためにやむをえずおこなう暴力も、アヒンサーの例外です。たとえば犯罪者を前にして、警察官が「私は非暴力を実践しているので犯人を捕(と)らえることはできません」と言ったらどうなるでしょうか？　犯罪者を社会に野放しにすることは任務に反しています。警察官ならときには暴力をふるってでも逮捕する必要があるでしょう。また、不当に母国が侵攻されそうなと

きも、国を守るために戦う選択をしなければならない場合があります。インドの有名な聖典『バガヴァッド・ギーター』(Bhagavad Gītā) ではシュリー・クリシュナ (Śrī Kṛṣṇa：クリシュナ神) が戦士アルジュナ (Arjuna) に「戦いなさい」と教えていますが、それは暴力を勧めているのではありません。強欲のために親戚の領土まで略奪しようとする隣国から国を守るために、邪悪な王から民をまもるために、クリシュナはアルジュナに戦士として何をすべきかを教えているのです。すべてケース・バイ・ケースなのです。

④親や先生の教育

また子供が自覚なく悪いことをしていたら、それを正すために叱るという選択をすべき場合もあります。子供の将来を思ってなされるならそれもアヒンサーの例外です。傷つけるので叱らないという選択ばかりでは、人生の問題を解決する能力を子供からうばうことにもなりかねません。

暴力の3形態

暴力には3つの形態があります。

①クリタ (kṛta) ……自分がおこなう暴力。

②カーリタ (kārita) ……自分で手をくださず、他人に依頼しておこなう暴力。

③アヌモーディタ (anumodita) ……他人の暴力に反対することも、止めることもしないこと。

暴力を見過ごすアヌモーディタは、暴力に同意したのと同じです。他人が暴力をふるわれている様子を見て天罰と思うケースもアヌモーディタです。

暴力をなくす方法

(1) プラティパクシャ・バーヴァナー (pratipakṣa bhāvanā)

ヨーギーが解脱(用語解説を参照)を求める理由に「この世に再生したら、否応なく暴力に関わってしまうから」という深い説明があります。これは「心の中に暴力があるかぎり、霊的にはなれない」ことを暗示しています。

「非暴力」という否定形の表現を、肯定形で表すと「愛する」になりますが、暴力は、愛や慈悲などの肯定的な性質を育てることによって減らしていくことができます。パタンジャリはその有効な手段として「プラティパクシャ・バーヴァナー」を勧めました。「反対の考えに心を集中させる」という実践です。

暴力を力ずくでなくそうとしても難しく、また抑圧は反動を生む可能性もあります。そこで、もしも心に暴力的で否定的な考えを見つけたら、それは悪いものだとしてなくすことに躍起になるのではなく、まったく反対の考え(普遍的な愛、慈悲、謙虚、親切など)に集中するのです。たとえば「普遍的な愛ですべての人、すべての生きものを愛し、慈悲を実践しよう」と考えます。

プラティパクシャ・バーヴァナーは、心から暴力をなくす、肯定的な方法です。その効果は潜在意識に及び、潜在意識で肯定的な考えが優勢になると、心全体(チッタ)が肯定的に変化していきます。

(2) すべての存在に神をみる

さらにもうひとつ、「すべての存在の中に、ひとつの同じ神がいる」と考えることもよい実践です。もし心底からそう思うことができれば、他者を傷つけるのは自分を傷つけるのと同じであることに気づ

第2章　ヤマ

くでしょう。

　インドにこのような話があります——ある医者のもとに若い男性がやってきて、父親が病に倒れたので往診してほしいとのことでした。医者が父親の胸に聴診器をあてると、心臓の鼓動ではなく「アッラー　アッラー」という音が聞こえてきました。医者はとても驚いて胸以外の部分にも聴診器をあててみましたが、やはり「アッラー　アッラー」と聞こえました。外見からはまったくわかりませんでしたが、この父親は、日頃から心をこめて神の名を唱えている、とても熱心なイスラーム教の信者だったのです。だからすべての細胞が「アッラー　アッラー」という高いバイブレーションを発していたのでした。医者の見立てでは余命はわずかということでした。息子は覚悟を決めて、父親にたずねました、「私に言いのこすことはありますか」父は「どんな人であろうと傷つけないように」というメッセージを息子に伝えました。

　近代インドの偉大な聖者であり預言者であったシュリー・ラーマクリシュナ（Śrī Rāmakṛṣṇa）の霊性の伴侶、ホーリー・マザー・シュリー・サーラダー・デーヴィー（Holy Mother Śrī Sāradā Devī）の最後の助言も「もしあなたが本当に平安を望むなら、人の中に欠点を探さないように。なぜならすべての人はあなたの身内なのだから」［1］というものでした。アヒンサーは、肉体においても、言葉においても、心においても傷つけないという実践です。

［1］『ホーリー・マザーの生涯』スワーミー・ニキラーナンダ、313頁（日本ヴェーダーンタ協会）2005年。

第2節　サッティヤ（うそをつかない）

心と言葉と行動の一致

　サッティヤ（satya）は、「アサッティヤ（asatya：うそをつくこと）をしない」という意味です。シュリー・ラーマクリシュナは「霊的実践において重要なのは真実を話すことである」と強調しましたが、すべての宗教、聖典、霊的実践の目的である「真理」とは「真実」です。サッティヤの実践なくして真理にいたることはなく、サッティヤはすべての宗教が重んじるところの実践です。

　「うそをつかない」というと、言葉でうそをつかなければよいと思いがちですが、それは実践の一部分にすぎません。サッティヤとは「心と言葉と行動を完全に一致させる」とても深い態度であり、心で考えることと、発する言葉の内容、そして行動が矛盾していたら、それはアサッティヤになるのです。突然の訪問客に対して心中はイライラしているのに笑顔で「よくいらっしゃいました、ゆっくりしていってください」と迎えているとしたら、それはアサッティヤです。

　これと似た状況は、日常でよくあることでしょう。仕事の内容によってはそれを貫くのは少々難しいかもしれませんが、サッティヤは、そうであってもチャレンジしがいのある実践です。

うそのさまざまな例

　約束を守らない、事実と違うことを話すなどのわかりやすいうその他に、次の例もうそになります。

第2章 ヤマ

- 見たこと、聞いたこと、学んだことをそのまま伝えない。
- 自分の憶測や脚色を加える。
- 誇張する。
- 自分の利益のため、あるいは何かを恐れるなどの理由により、意図的に伝えない、もしくは一部をかくす。
- 言葉と考えや行動が一致していない。
- 2つの意味を持つ言葉（ダブル・ミーニング）を意図的に使う。

インドの有名な叙事詩『マハーバーラタ』の中に、ダブル・ミーニングの話が出てきます。

マハーバーラタの戦いにおける有名な戦士に、ドローナ（Droṇa）という武芸の師範がいました。彼はカウラヴァ軍（Kaurava(s)）についており、アルジュナの属するパーンダヴァ軍（Pāṇḍava(s)）はドローナにより、多くの犠牲者を余儀なくされていました。パーンダヴァ軍はどうしたらドローナの力を弱められるか、苦慮していました。ドローナにはアシュヴァッターマー（Aśwatthāmā）という息子がおり、彼も戦いに参加していましたが、ドローナの息子への愛情はとても深く、息子が戦死したと聞けば、すぐにでも武器を捨てるだろうと思われるほどでした。

アルジュナの兄、ユディシュティラ（Yudhiṣṭhira）は万人が認める道徳的な人で、うそなどついたことがありませんでした。パーンダヴァ軍は、そんなユディシュティラの口からアシュヴァッターマーが死んだと聞けば、ドローナは信じるに違いないと考え、策略を巡らせました。ドローナの息子と同じ名のアシュヴァッターマーという象を殺して、ユディシュティラに次のように言わせたのです。

「アシュヴァッターマーは死んだ！　しかしそれは象だ」。この言葉自体にうそはありませんが、「しかしそれは象だ」と言うときにパーンダヴァ側は大きな太鼓の音を響かせてドローナに聞こえないようにしたので、息子が戦死したと思ったドローナは、すぐに武器を捨てたのでした。そしてダブル・ミーニングのうそをついたユディシュティラは短期間でしたが、地獄におちました。

　また、事実を話したために、罪のない人が被害にあうこともあります。この場合、事実を話すことが、うそをつくことと同じく避けるべきことになります。これもマハーバーラタ叙事詩の話です。
　旅人が強盗に追われていました。旅人は僧院に逃げこみましたが、追いかけてきた強盗が僧院の僧侶に旅人が逃げてきたかをたずねました。僧は正直に答え、旅人は強盗に殺されてしまいました。
　事実を話したという意味では、僧侶はサッティヤを実践しています。しかしこの一件のせいで、僧は亡くなったあと、地獄におちました。「正直」だけにこだわると、思慮の足りない実践になりがちです。事実を口にすることで他人を傷つけるのがわかっている場合、何も言わないほうがよいこともあるのです。「自分は正しいことを言っている」といううぬぼれが生じている場合もあります。

ホワイト・ライとブラック・ライ

　ホワイト・ライとブラック・ライという英語があるのを知っていますか？　それは「悪意のないうそ」と「悪意があるうそ」と訳すといいかもしれません。たとえばメールの返信をすぐにしなかったことについて、「忙しくて返信できませんでした」とわびるとき、

その間ずっと忙しかったわけではなかったとしたら、悪意はありませんがうそをついたことになります。

　サッティヤとは、悪意があるうそはもちろん、悪意のないうそ・無意識のうちにつくうそも含め、すべてのうそをつかない実践です。返信が遅くなったら率直に「すみません」と言いましょう。すると相手はそれ以上理由を聞きませんし、それですべてが終わります。言い訳をすれば、相手の不信感を招くだけでなく、小さいうそが大きなうそとなる可能性もあります。

　ホワイト・ライにまで意識を向けてサッティヤを実践するには、本当のところはどうだろうかと、自分の考えと行動をよく内省することが必要です。内省は、瞑想のために座るときの最初の数分間を使っておこなうことができます。内省すると、自分の内にあるうそが見つかり、見つかればそれをなおすことができます。

サッティヤの実践方法

　「見たまま聞いたままを伝える」「約束を守る」などに加え、以下の項目に気をつけると、サッティヤの実践に役立ちます。

①おしゃべりを慎む

　おしゃべりな人は、そうでない人よりも、無意識のうちにうそをつく可能性があります。また話好きなので自制が足りず、聞いた話に自分の考えをつけ足すこともあります。しゃべり好きな人にこの助言は重要です。もしおしゃべりをやめられないならば、真理についておしゃべりしてください。すると世俗的なものについて話したときと、異なる結果を得ます。

②想像や妄想を慎む

　想像好き、妄想好きな人は、ふけりすぎないよう気をつけてください。ヨーガの目的は真理です。真理、真実を求めているのに、想像の世界について考えすぎるのはよくありません。同じ理由から、小説、映画、ゲームなど、人がつくった想像の世界に没頭しすぎるのもよくありません。ほとんどがイマジネーションで、真実ではないからです。それらに熱中しすぎて実生活で誤った考え、まちがった判断をしてしまう可能性もあります。

　③「嫉妬しない」「暴力的なことを考えない」こともサッティヤの実践です。

実践上の留意点

　いつも正しいことを言ってください。優しい言葉で言ってください。正しいことが人の心を傷つけるときは言うのを避けてください（"Satyaṁ bruyāt/ priyaṁ bruyāt/ nā bruyāt satyam apriyam"）——これはヒンドゥ教の聖典の助言です。

　サッティヤでは実践を厳しくしすぎないことに留意してください。相手に助言をするときは直接的な言い方や指摘の仕方ではなく、間接的に、優しく言ってください。また正しいことを言い、行動することで、人の心を傷つけてしまう場合は、避けるという選択をしたほうがよいことも考慮してください。ひとつの助言が「言うことを避ける」、もうひとつの助言が「避けないほうが相手にとって良いのであれば、優しく言う」ことです。

　例外があります。親が自分の子に対して、あるいは教師やグル（guru：霊性の師）が自分の生徒に対して言う場合です。それが厳

しい言葉であっても、のちの成長につながることを意図しているのなら問題はありません。言葉では厳しくても、心では本当に愛しているからです。

第3節　アステーヤ（盗まない）

アステーヤの意味

　アステーヤ（asteya）とは、ステーヤ（steya：盗む）に否定の接頭辞 a がついて「盗みをしない」という意味です。「盗む」という言葉からイメージされるのは「他人の物を許可なく奪うこと」で、私たちはみな、盗みはよくないことだと知っています。理由は、「働きの結果、手に入れたものを盗まれることは、働きの結果を享受する自由が奪われる」のと同じだからです。

　サラリーマンが働いて得たお金で買った車は、その人の働きの結果です。農夫が収穫した野菜は、農夫の働きの結果です。その車や野菜が奪われるということは、彼らの時間と知恵とエネルギーを注いで獲得した結果が奪われることであり、それが普通になると、働く意欲はなくなって、働く人がいなくなります。すると社会は成立しなくなります。これが盗みが悪いとされる理由であり、罪である理由です。

　それに加えて、『バガヴァッド・ギーター』では「もらったものをすべて自分のためにつかうことも盗みである」と言っています。私たちは他人のサポートがあるからこそ生きています。人は独力で生きることはできません。そのサポートに対して何も返さず、得たものすべては自分で楽しむだけ、という態度は、聖典の考えでいうと盗みになるのです。1時間半の授業に対して給料をもらう大学教授が、時間どおりに授業を始めないとすると、それは給料の盗みだけでなく、時間の盗みにもなります。盗む対象は物だけではありません。またどのような種類の盗みもよくありません。

第4節　ブラフマチャリヤ（性的欲望に無条件に従わない）

すべての種類のモイトゥナを避ける

　ブラフマチャリヤ（brahmacarya）という言葉の本来の意味は「ブラフマンに意識をおいている状態」で、ブラフマチャリヤ実践のベースはそこにあります。

　具体的には「性的欲望に無条件に従わない」ことで、「モイトゥナ（maithuna）をしない」ということです。モイトゥナとはミトゥナ（mithuna：一対、ペア）に由来した言葉で「非倫理的な男性と女性の関係」という意味ですが、モイトゥナは聖典では8種類に分類されています。たとえば性的なことについて話す、読む、見る、こともモイトゥナとされ、恋人のことを思い出して喜びに浸るのもモイトゥナとされています。ブラフマチャリヤでは、肉体レベルの単純なものから精神的なものまで、すべての種類のモイトゥナを避けなければなりません。完全な純潔を守ることなしに、パタンジャリ・ヨーガの先の実践が成就することはありませんし、また、この実践をせずに先に進むことは危険です。

ブラフマチャリヤとオージャスとの関係

　パタンジャリ・ヨーガにおいて、なぜブラフマチャリヤが重要かというと、瞑想をするためには精液が消耗されることなく、保存されている必要があるからです。外見はやせて見えるヨーギーでも、内側に精液の蓄えがあれば、瞑想に支障はありません。見た目が強壮でも、精液が保存されていなければ、その人に瞑想は不可能です。精液は、世俗的な楽しみを抑制しなければ、使い果たされてしまい、

瞑想へ向かうエネルギーも尽きてしまいます。
　精液のもっとも精妙な部分は維持・保存されると、サンスクリット語でオージャス（ojas）というたいへん精妙な力となり、それは純粋な頭脳、すさまじいエネルギー、巨大な意志としてあらわれます。普通の仕事や勉強は別として、ヨーガの実践はオージャスなしには不可能です。ヨーギーは心と言葉と行動において、完全な純潔を守り、性的エネルギーのすべてをオージャスに変えようと努力します。
　直接的な肉体の接触がなくても、肉欲について考えたり、それに関する本や写真を見ても精液は消耗されます。清らかでなければ瞑想はできませんが、清らかさのベースが精液の保存（純潔）にあるのです。しかし現代社会はそれとまったく反対に、多くの快楽を楽しむよう勧めています。アメリカの有名な学者はそれを形容して"Doller King, Sex Queen"（ドルは王、セックスは女王）と言いましたが、そのように考えていては、幸せは叶わないどころか、心身が病気になります。
　働きすぎ、食べすぎ、しゃべりすぎも精液消耗の原因です。日常生活において、心、言葉、体のレベルで「しすぎる」ことに気をつけるのもブラフマチャリヤの実践です。

夫婦間のブラフマチャリヤの実践
　ヒンドゥ教の聖典では、夫婦の肉体的な関係の目的は子供をつくるためだけとしており、そのための肉体関係は禁欲の実践には反しません。夫婦間のブラフマチャリヤはそのような考えを用います。ブラフマチャリヤの実践は、僧侶についてのみ適用されるわけではないのです。

第5節　アパリグラハ（必要最小限以外は欲しがらない）

必要最小限のものだけで生活する

　アパリグラハ（aparigraha）は、パリグラハ（parigraha：ものをもらう）に否定の接頭辞 a がついたもので、「本当に必要なもの以外はものをもらわない」「必要最小限なものだけで生活する」「むさぼらない」という意味です。自宅のクローゼットにある服で、本当に必要なものはどれだけでしょうか。これはアジアで初めてノーベル文学賞を受賞したラビーンドラナート・タゴール（Rabīndranāth Tagore）の有名な詩です。

> 「神よ！　私はたくさんのものを集めましたが、それらはすべて、私にとっての重荷でした。でもあなたから頂いたものは、私の束縛にはなりませんでした。どうか私の重荷を取りさってください。私を助けてください」

　捨てることが惜しいため、不要なものまで持ち続け、それが重荷になっていませんか？　パタンジャリによると、それが「パリグラハ」です。私が所属する僧院の長は、多くの弟子や信者から「使ってほしい」とたくさんの食べ物、衣服、物品をもらいます。そして「僧院長、私のプレゼントはいかがでしたか？　使っていただけましたか？」と聞かれると、僧院長は「その質問をしないでください。あなたは私にあげました、私はそれをもらいました。それで終わり。私が使っているか使っていないかは、たずねないでください」と答えます。もらったものばかりを使っていては、霊的実践はできませ

ん。プレゼントは貧しい人びとや、金銭を稼ぐことを放棄していて人から施(ほどこ)してもらわないと生きていけない他の僧侶に渡します。信者や弟子が悲しむので「もらわない」という選択はしませんが、もらっても自分のためには使わず、他の人に渡しています。これがアパリグラハの実践です。

パリグラハの問題点

パリグラハがよくないとされる理由は以下の点です。

①執着が生じる……身のまわりに必要以上のものが多くあると、執着が生じる可能性があります。「必要がないのに持っている」「使ってもいないのに捨てたくない」のは執着のしるしです。

②欲望が増える……もらうとさらに集めたくなり、もっと欲しいと思うことで欲望に火がつきます。

③維持の困難……もらったものの整理、良好な状態での保管、保管場所の確保などは大変な負担です。破損にも気をつけなければならず、負担はどんどん増大します。

④自由を失う……人からものをもらうと、それに見合ったものを返さなければいけないという義務感にしばられます。結果として自由を失います。

⑤独立性を失う……ときには利己的な贈り手側が、金品を渡したことで、受け手側から恩恵を受けようと考えていることがあります。すると受け手は贈り手にコントロールされ、独立性を失います。

⑥心配や恐怖心が生じる……たとえばもらったお礼として、同じ価値のものを返さなければならないが、十分な経済力がなくてでき

ない、といった心配があります。また紛失や破損、盗難への懸念が心配の種になります。そのうえ実際に失うと、とても苦しみます。

　こうして最終的に所有することが重荷となります。

第3章　ニヤマ

第1節　シャウチャ（清潔）

「清潔は神性に次ぐ」

　英語のことわざに「清潔は神性に次ぐ」（"Cleanliness is next to Godliness."）という美しい表現があります。ヴィヴェーカーナンダは１８９３年、明治時代に日本を訪れたとき、日本の清潔さと日本人の清潔好きにたいへん感心したという手紙を母国に送っています。日本人は昔も今もきれい好きで、それはたいへん素晴らしい性質です。

　シャウチャ（śauca）の直訳は「清潔」「清浄」です。それに「美しい」という意味を加えたら完璧なシャウチャでしょう。ではそれらを聞いて思い浮かべるものは何かというと、掃除、洗濯、入浴、洗顔など、体や外の環境についてではないでしょうか。しかしシャウチャは神性に次ぐものです。それは外面だけの実践ではないのです。

　シャウチャの実践は「汚れは放っておくと、自然にたまるもの」という認識から始まります。聖典では「その汚れは外にも中にもたまる。だから外と中、両方の汚れを取り除くのだ」という態度が重要だとして、シャウチャを外側のシャウチャ（bahir śauca：バヒル・シャウチャ）と内側のシャウチャ（antar śauca：アンタル・シャウチャ）に分けています。人は外面だけではなく、内面も美しいと存在全体が美しくなります。

そのうえで聖典は、中のシャウチャをより重視しています。内面（心）がきれいでなければ真理を悟れないから、外面（体）は一時的なものだから、という理由です。内面の美しさの最たる例がシュリー・クリシュナです。クリシュナは外面の美しさも持っていましたが、内と外、両方の美しさですべての信者の心と霊をひきつけました。シュリー・クリシュナが奏でて信者たちをひきつけた笛の音は、内面の美のシンボルです。

外のシャウチャの理想

　外のシャウチャは、主に体、食事、住居にまつわるもので、それについての説明は必要ないでしょう。興味深いのは外のシャウチャに食事が含まれていることですが、聖典が勧める食事は質素で消化のよいものであることに加えて、新鮮なこと、腐っていないことが重視されており、それが食のシャウチャにあたります。アルコールはまったく勧められません。心のコントロールがテーマのパタンジャリ・ヨーガではなおさらです。アルコールは摂取した人の心をたかぶらせ、制御不能にします。お酒を飲んで夜中大声で歌う人たちも、しらふのときにはそんなことはしません。

　外のシャウチャに関しては、日本の水準はとても高く、私が訪問した国では日本とドイツが双璧です。日本人はトイレの清潔を特に気にするのでそれが不思議でしたが、最近「トイレの神様」という歌を聞き、トイレに神様がいると信じて掃除をするのだと知りました。

　私たちは外のシャウチャについては多くの時間とお金をかけていますが、中のシャウチャについてはどうでしょう？　もちろん外のシャ

ウチャも実践のうちですが、「魅力的に思われたい」「人をひきつけたい」という理由で体や衣服をきれいにするのなら、それは単なる世俗的生き方にすぎず、聖典が言うシャウチャとは違います。

　それでは聖典は、どのような態度で外のシャウチャをおこなうべきだと言っているでしょうか。それは「肉体は神の寺院（祭壇）であると思って実践する」ということです。神社や寺院や祭壇は神がおられる場所です。だからどの国、どの時代においても、清潔に、美しく保たれています。同様に、自分の体も神が住まう場所だと考えて、その考えのもとで、体を清浄に、美しく保つのです。これが外のシャウチャの理想的態度であり、霊的な考え方です。

中のシャウチャの重要性

　中の汚れは欠点と言いかえることができます。つまりエゴ、うぬぼれ、怒り、強欲、肉欲、嫉妬、憎しみなどの否定的な感情や、考えです。一方、中の美とは慈悲、純粋な愛、誠実さ、友情、謙虚さ、率直さなどです。中のシャウチャの実践は「欠点を取り除く」という消極的な方法に加えて、「長所を育てる」という積極的な方法で、おこなうことができます。

　外の美はどんなに努力しても必ず衰えます。また病気が原因で、突然失われることもあります。しかし中の美しさ、つまり心の美しさは年をとっても失われないばかりか、努力すれば美しさは増していきます。さらに言えば、死んで肉体が燃やされても、心や魂は燃やされずに来世に続きます。肉体の美は今生かぎりですが、内面の状態は来世に引き継がれるのです。まさに「外の美は一時的、中の美は永遠」です。

ときに人の価値を容姿の美しさで測ることがありますが、それは判断としてあやまっています。外の美と中の美はイコールではありません。容姿で人をひきつけても心が美しくなければ、反動もあって、やがてその人は避けられていくでしょう。しかし心が美しい人は、自然に人をひきつけます。「普通の人は肉体を見、賢い人は心を見、聖者は魂を見る」という金言がありますが、他人は外面だけではなく、心や、魂をも見ているという気づきを持ち、中の美を育てる努力をしましょう。それに中の美は、自分の努力次第、つまり自分でコントロールできるのですから。

　いま、健康面ではホリスティック・ヘルス（包括的な健康）という考えが注目されていますが、美の観念も「ホリスティック・ビューティ」（包括的な美）というものにまで広がるとよいと願っています。街にはたんなる美容院ではなく、ホリスティック・ビューティ・パーラー（総合美容院）があるのが理想です。その美容院には体の健康と美しさをテーマにしたサロンと、心や魂を美しく磨くための瞑想室があります。

「中のシャウチャ」実践へのやる気——肉体は一時的だという気づき

　人がもっとも執着している対象は、家族でもお金でも仕事でもなく、実は自分自身の体です。歯磨き、洗顔、化粧、食事、排泄、ジム、ヨーガ、入浴、睡眠など、朝から晩まで体のことを考え、行動していることからもわかります。ギリシャ神話のナルシスは、湖に映った自分の姿に恋し、最後にはおぼれ死んでしまいますが、それはいきすぎた体への執着の結果です。

　これは釈迦が王子として王宮にいた頃のエピソードです。王は息

第3章　ニヤマ

子が放棄の道に進もうとしていると察し、世俗的な楽しみをいろいろと用意して引きとめようとしました。その晩も、美しい踊り子たちが王宮に呼ばれ、歌や踊りで息子を楽しませようとしていました。やがて夜がふけてくると、踊り子たちは疲れて、化粧はくずれ、中にはよだれをたらして眠りだすものもいました。そんな彼女たちを見て釈迦は、これが人間の本来の姿なのだ、肉体とはこれほど汚れるものなのだと悟りました。

私たちは一日に何回手や顔を洗ったりふいたりするでしょうか。体には目、耳、鼻、口、排泄器官からなる9つの穴と無数の毛穴があり、そこから体の汚物が排出されています。いくらきれいに保ちたくても、きれいにしたそばから汚れ、どうやっても完璧ということはありません。もちろん体や健康への気づかいは大事です。しかしどれほどのエネルギーと時間とお金をそれに使っているかについて、考えてみることも大事です。

そしてその内省をするとき、「私は魂である。この肉体は一時的である」という識別が重要になります。

インドの哲学では「私たちの存在は、3つのからだと魂から成っている」と考えています。3つのからだとは、①粗大なからだ（肉体）、②精妙なからだ（生命エネルギー、感覚、心、知性、記憶）、③原因のからだ（自我）です。そしてそれらの基礎として永遠にあるのが、私たちの本性である魂（アートマン）です。

死とは、今生で肉体が終わることですが、それ以外のからだは死後も生き続け、来世に続きます。この理解がないと、自分を肉

体と同一視し続け、内面の美しさを育てようという気持ちは起きません。『ヨーガ・スートラ』第2章40節「シャウチャに集中した結果、自分の肉体に無執着になる」("Śaucātsvāṅgajugupsā parairasaṁsargaḥ") という意味は、「肉体を懸命に努力してきれいにしても、その効果は一時的だ」と気づいた人だけが、初めて中の汚れと向き合うのだということを言っています。

体中心の生活は、それ以外のものへの気づきと、内面の美を養う時間やエネルギーを奪います。これにはどう対処したらよいでしょうか。それには、自分の本来の姿（アートマン）について聞く機会を得て、それを理解して記憶する努力をすることです。「私は魂である、アートマンである、永遠である。この肉体は一時的である」と識別し、「これだけ時間とお金とエネルギーをかけて面倒をみている肉体とは、実際は何なのか。それは肉、骨、血、などの汚れたものである」というところまで理解しなければ、中の美を育てようというやる気は生まれません。スタート地点は識別と内省です。毎日鏡で外見をチェックするように、内なる鏡で心の状態をチェックしてください。内なる鏡とは「内省」です。

人を本当に、そして永遠にひきつけるのは、中の美しさだけです。また外の美が衰えることへの心配は、中の美しさが肯定的に解決します。

「中のシャウチャ」の実践法

では中の美はどうしたら増やせるでしょうか。それには、①エゴ、怒り、嫉妬、暴力、欲望、肉欲などの否定的な性質を減らしていく実践、②慈悲、真実、謙虚、調和性、友愛、普遍的な愛などの肯定

第3章　ニヤマ

的な性質を増やしていく実践という2つの面からのアプローチがあります。具体的な実践法をいくつかあげてみます。

- 他人の成功や幸せを見て嫉妬するのでなく、（口先だけでなく）心底から喜ぶ。それによって友愛も育つ。
- 苦しむ人、困っている人を思いやる。その共感が慈悲心を育てる。
- 他人の善行を喜ぶ。
- 他人の過ちには、無関心でいる。過ちを無視することも、責めることもせず、冷静でいる。もっともよいのはその人が同じ過ちを繰り返さないよう、祈ることである。

　謙虚さを育てる実例は、シュリー・ラーマクリシュナや、その弟子のナーグ・マハーシャヤ（Nāg Mahāśaya）［1］にみることができます。シュリー・ラーマクリシュナは高度な教えを説いただけではなく、みずから実践した人だからこそ尊敬され崇拝されています。
　シュリー・ラーマクリシュナは、もっとも高いカースト［2］であるブラーミン（brāhmin：神職）に属し、霊性もたいへん高い人でした。トイレ掃除はいちばん低いカーストの仕事で、シュリー・ラーマクリシュナが住んでいた寺院のトイレ掃除は、ロシック（Rasik）という人の仕事でした。しかしロシックの家のトイレを掃除していたのはシュリー・ラーマクリシュナでした。朝早くから掃除して、最後の仕上げには束ねていた自分の髪をほどき、それでトイレを磨きあげました。シュリー・ラーマクリシュナは、自分がうぬぼれたり、高慢にならないように、それほどのシャウチャの実践

をしたのです。

　ロシックについてはこのような実話が残っています。低いカーストだったロシックは、シュリー・ラーマクリシュナの近くに行きたくても、行くことが許されませんでした。しかしロシックは、たくさんの人がシュリー・ラーマクリシュナによって清められるのを目撃し、自分も同じ恩寵（おんちょう）をさずかりたいと心から願っていました。あるとき思いあまって、庭を歩いていたシュリー・ラーマクリシュナの前にとつぜん身を投げ出しひれ伏して「師よ！　あなたの恩寵でたくさんの人が清められています。しかし、身分の低い私は、いったいどうすればよいのでしょうか！」と問いかけました。慈悲心が強くわきおこったシュリー・ラーマクリシュナは「ロシックよ、何も心配することはないのだよ。おまえは毎日『神の居場所をきれいにする』という自分の仕事に専念しなさい。おまえはそれだけで、解脱することができるのだよ」と言い、これはのちに現実となりました。ロシックの死の直前、彼の前に、すでに亡くなっていたシュリー・ラーマクリシュナがあらわれ、シュリー・ラーマクリシュナご自身がロシックを天国に連れて行ったのです。

［1］『謙虚な心　シュリー・ラーマクリシュナの弟子ナーグ・マハーシャヤの生涯』（日本ヴェーダーンタ協会）
［2］カーストは英語。生まれを同じくする集団の意味。インドではジャーティ（jāti）という。

第3章　ニヤマ

第2節　サントーシャ（満足）

サントーシャの意味

　サントーシャ（santoṣa）は「満足する」という意味です。その反対の状態は「貪欲」「強欲」「欲張り」で、必要以上に欲しがり、むさぼることです。ここで質問ですが、世界一の金持ちとは誰のことでしょうか？　それはギネスブックに載る長者でしょうか？

　世間の尺度とは別に、誰が金持ちで誰が貧乏なのかを決めるひとつの価値観があります。それは「何の欲望もない人が一番の金持ちで、どれほどたくさんのお金を持っていても、それに満足していない人が一番の貧乏である」という尺度です。「自分は満ち足りている」と思える人こそ本当に豊かな人です。強欲である間、心に平安はおとずれません。平安でなければ、幸せとはいえません。幸福と満足感には密接な関係があります。

　生きるために必要なものへの欲求は need です。生きるためには必要ないものへの欲求は greed です。need と greed（必要なものと必要以上のもの）を識別して「足るを知る」生き方は、幸せを追求するという意味では誰にとっても重要なテーマです。ですから毎日の生活においては、①必要なもの、②必要な量、③適当な質と種類について、各個人で熟考して吟味し、適切な判断をしてください。サントーシャは衣食住を求めるなということではありません。心底から満足し、不平、不満、愚痴がまったくない状態をいうのです。「もうこれ以上ものは要らない」と口では言っていても、1秒でも他人の持ち物を欲しいと思ったら、その時点でサントーシャではなくなります。

欲望と人の基本的欲求

欲望の数は数えきれません。マハートマー・ガンディー（Mahātmā Gāndhi）は「地球はすべての人の必要は満たせるが、すべての人の欲望は満たせない」（"Earth provides enough to satisfy every man's need, but not every man's greed."）と言いました。

第二次世界大戦前まではこれほどではありませんでしたが、現代は消費主義の世界です。企業が巧みに人の性質を利用し、あの手この手で宣伝し、欲望をあおり、次から次へと商品を購入させようとします。物があまりなかった時代、人はわずかなもので満足していました。何でも手に入るようになった現代、人はどれだけ所有しても満足できないように変わってしまいました。今の社会ははるかにサントーシャからかけ離れた状態です。

ここで欲望について、3つの質問をしましょう。

・欲望はどこから生じるのか？
・欲望は止められるのか？
・欲望は止める必要があるのか？

最初の質問の答えとしては、「心」にま違いはありませんが、もっと深く欲望の源までさかのぼり熟考してみると、たいへん興味深い答えにたどりつきます。それは「欲望は、人間の基本的欲求と関係している」ということです。すなわち①生きたい（永遠に存在し続けたい）、②知りたい、③楽しみたい、④愛したい・愛されたい、⑤際限なく欲しい、という5つの欲求です。

本性と人の基本的欲求

その5つの欲求について、説明しましょう。

第3章　ニヤマ

①について。人は、いつかは死ぬとわかっていても、「まだ生きる」「もっと生きる」と思っています。

②について。個人差はありますが、人はみな、新聞、本、インターネット、テレビ、先生などから知識や情報を得たいと思っています。背後で物音がしたら、すぐ確認するのも知識欲からです。赤ちゃんでも音の方向を向きますが、人は誕生から死ぬまで、ずっと知りたいと願っています。これはとてもタマス的な人を除いて例外はありません。

③について。楽しみたいという欲求もすべての人に共通する願いです。他人に肉体的・精神的苦痛をあたえることに喜びを感じるサディストでさえ、否定的な形ではありますがそれを楽しんでいます。しかしそれは汚物に引き寄せられるハエと同じです。楽しむことにもいろいろな形があり、ミツバチは花の蜜に引き寄せられ、ハエは汚物に群がるのです。

④について。愛し愛されたいという欲求も同様です。凶悪犯ですら、自分の子供のことはとても愛しています。

これら4つに、先ほどの質問のテーマである「欲望」を加えた5つが、すべての人間に共通する基本的欲求です。

実は、これらの欲求は、私たちの本性に起因しています。私たちの本性は、魂、アートマン、別の言葉ではサッチダーナンダ（Saccidānanda; Sat-cit-ānanda）です。サット（sat）とは「永遠絶対の存在」、チット（cit）とは「永遠絶対の知識・意識」、アーナンダ（ānanda）とは「永遠絶対の至福」で、それを合わせたものがサッチダーナンダ（字義は、絶対なる実在・意識・至福）です。では、サッ

チダーナンダと人の基本的欲求とは、どのように結びつくのでしょうか？

①私の本性は永遠の存在（サット）です。だからずっと生きたいです。
②私の本性は永遠の知識（チット）です。だから知りたいです。
③私の本性は永遠の至福（アーナンダ）です。だから楽しみたいです。
④私の本性は遍在なる魂（アートマン）です。だからどの人にも同じ魂があります。同じ魂が同じ魂をひきつけ合い、愛し愛されます。
⑤私の本性は無限なる魂（アートマン）です。だから無限に欲しいです。

欲望の満たし方を変える

すなわち5つの欲求は、私たちの本性に起因しており、言ってみれば自然なことなのです。ま違いは、「この肉体のまま」永遠に生きたいと思うこと、「一時的なもの」について知りたいと思うこと、楽しみや喜びを「外」に求めること、「肉体と心のレベルで」愛し愛されたく思うことです。つまり欲求ではなく、欲求の満たし方がまちがっているのです。

不死を望むなら、「魂のレベル」で不死になってください。知りたいなら「永遠な魂」について知り、完全な知識を得てください。楽しみたいなら「内なる自己、永遠絶対のアートマン」を永遠に楽しんでください。愛し愛されたいなら、「霊的なレベル」で愛し愛

されてください。そうでなければ愛は変化し、おとろえ、消えていきます。しかし悟った人の愛は失われません。魂が愛の源だからです。悟った人は人の肉体や心ではなく、魂を見ています。

　ウパニシャド（Upaniṣad(s)）に「無限だけが幸せをあたえられる」という美しい言葉があります。どんなに外の楽しみを満喫しても、アートマンの喜びを知らなければ、最後にはむなしくなります。家族、友人、お金、映画、音楽、旅行、趣味などをいくら楽しんでも、本当に満足することはありません。有限なもの（世俗的なもの）から幸せは得られません。無限（真理）だけが幸せをあたえられます。アートマン、ブラフマンだけが無限です。

　欲望について、まとめましょう。
　・欲望はどこから生じるのか？　→「本性から」
　・それは止められるのか？　→「止められない」
　・止める必要があるのか？　→「止める必要はない」
　欲望の源は私たちの本性です。だから欲望が生じるのは自然なことです。欲望が生じたらそれを正しく満たせばよく、それにのみ気をつければよいのです。これはシンプルで、とても深い考えです。

サントーシャの実践
（1）強欲の問題点をはっきり理解する
　［欲望が生じる→欲望を満たしたい→欲望が満たされて満足→もっと欲しい、別の種類のものが欲しい→満たされないと失望して悲しむ、満たされればもっと欲しくなるか、別の種類のものが欲しくなる……］という繰り返しが強欲の問題点です。一時的には満足

できても、それが続かないため「欲しい、欲しい」を繰り返します。それを繰り返すことで落ちつきのない傾向が強くなり、心が不安定となります。瞑想に集中することも難しくなります。

サントーシャの実践の出発点は、強欲によって生じる問題点をはっきりと理解することです。それが、真剣にサントーシャを実践しようという意欲につながります。

アパリグラハの節でも述べましたが、強欲には「ものを所有することで心配や恐れが生じる。負担が増大する。所有すること自体が重荷となる」という問題のほか、金銭の無駄使いや、欲が深いために非道徳的な方法で儲けようとする可能性もあげられます。幸せになりたいのなら、欲望は絶対にコントロールしなければなりません。

（2）欲望の超越——「あってもいい、なくてもいい、なくなってもいい」

欲望を「よくないもの」と捉えて強引に抑圧すると、かえって心に問題が生じます。しかしすべての人が、すべての欲望を満足させていては、社会は立ち行かなくなります。それについての最善の対処法が「欲望の超越」という実践で、「あってもいい、なくてもいい、なくなってもいい」という態度です。これを少し実践するだけで不安や心配が軽くなり、心に安心をもたらします。

ドゥッキーラームとスキーラームという、二人の友人がいました。ドゥッキーラーム（Duḥkhīrām という名前は悲しみを意味する duḥkha に由来）は金持ちで、スキーラーム（Sukhīrām は喜びを意味する sukha に由来）は貧乏でした。しかしドゥッキーラー

第3章 ニヤマ

ムは金持ちでも多くの心配事を抱えており、スキーラームはお金はなくても幸せでした。あるときドッキーラームは慈悲心からスキーラームにお金をあげました。スキーラームは最初遠慮したものの、それを受けとって寝床につきました。しかしもらったお金がなくならないかと心配したスキーラームは、その夜はよく眠れず、結局お金を返すことにしました。スキーラームは、心の平安を失うことを嫌ったのです。

　次の話は貧しくても、心の平安に満たされ、満足していた例です。
　シュリー・ラーマクリシュナの死後、直弟子たちはカルカッタのバラナゴール地区の古い建物を借りて、最初の僧院をひらきました。たいへん貧しく、食事にも衣服にも困るありさまでしたが、直弟子たちはつねに至福の状態にありました。近所の人たちは、あれだけ貧しいのになぜ幸せそうにしていられるのか、ととても不思議がり、もしかすると古い建物のどこかに大金でも発見したのではないか、と噂(うわさ)していました。しかし事実はそうではありませんでした。直弟子たちの幸せは、彼らの内側からきていたのです。ですが普通の人は、満足とはたくさんのお金や、衣食住が満たされていることだと考えます。

　ギリシャの船舶王(せんぱくおう)オナシスは、故ケネディ大統領未亡人のジャクリーン・ケネディと再婚した大富豪です。その結婚の前、彼には元妻とのあいだに4人の子供がおり、彼らのためにキラニーという名のガヴァネス（養育係をかねた女性家庭教師）を雇っていました。役目を終えて退職したキラニーはパリに戻り、そろそろ70歳にな

る頃、何気なく手にした新聞で「ラーマクリシュナ・ヴェーダーンタセンターで週末に講話のプログラムがある」という記事を目にしました。予備知識もないまま、センターを訪れたキラニーでしたが、広々としたセンターの環境も気に入って、講話を聞いたあと、おもしろいかもしれないという軽い気持ちで『ラーマクリシュナの福音』を1冊購入しました。帰宅してそれを読んだキラニーは「なんて素晴らしいのかしら！　これまでの人生でこのようなことをまったく知らず生きてきたとは、なんて時間を無駄にしてきたのだろう！」と感じ、頻繁(ひんぱん)にセンターに通うようになり、大いなる心の喜びを得るようになりました。あるときかつての雇い主、オナシス元夫人から電話があり、近況をたずねられました。キラニーが元気ですと答えると、元夫人はとても驚きました。なぜなら事前にキラニーが、ラーマクリシュナ・ヴェーダーンタセンター（ラーマクリシュナ僧団の支部であり、僧がいるアーシュラマ（āśrama：僧院）でもある）に足繁く通っていると聞いていて、何かトラブルでも抱えているのではないかと心配していたからです。アーシュラマには普通の人が楽しむような娯楽はありません。夫人にとってアーシュラマとは、困った人たちが訪問する場所であり、そこに通っていながら幸福に満たされているキラニーを理解できなかったのです。しかしアーシュラマの人々は、自分の内側に喜びを見つけていました。そこに内面の喜びの表れがあるから、キラニーはひきつけられたのです。

　満足した状態から本当の喜び、本当の幸せが生まれます。それは外ではなく、中の喜び、中の幸せです。外のものはこれ以上いらない、もっと中のものが欲しい——それが理想のサントーシャです。神へ

の愛や真理の知識を求めて内面が充実すると、それがサントーシャのベースになります。

（3）満足したときの状態を思い出して想像する
　これはおもしろい実践法です。満足したときの経験をよく記憶しておき、欲しいと思ったときにそのときの経験を思い出して、想像上で満足するのです。過去に欲しくなって手に入れたものがまた欲しくなったら、手に入れたときの満足した経験をはっきりと思い出してください。英語では visualize といいますが、いま起きている現実のように、はっきり思い浮かべます。すると過去に満足した喜びをいま体験することができ、「私は十分に満足している」と考えられるようになります。

　以上の実践を整理すると、世俗的なものについて満足を得ようとしても問題が起こることを理解し識別する、満足したときの状態を心に強く焼き付けて記憶しておく、その記憶を鮮明に思い出して満足した状態は今も続いているので今あるもので十分だと考える、「あってもいい、なくてもいい、なくなってもいい」と考える、自分の内側のものについてより深く考える、となります。「あってもいい、なくてもいい、なくなってもいい」の実践は、当初は強引に言い聞かせる形かもしれませんが、内側について深く考える実践が進むと、自然にできるようになります。
　これらの具体的な実践は、悟りたい人にとっても、悟りに関心のない人にとっても同じように大事です。欲望をコントロールしないかぎり、不安や心配は消えず、平安と幸せは得られないからです。

良い生活のために、良い性質を養い、清らかになるために、神聖になるために、サントーシャの実践はとても重要です。

霊的な満足には世俗的な欲望の満足の１６倍の喜びがある

　『ヨーガ・スートラ』の注釈者、スワーミー・ハリハラーナンダは「霊的な満足には世俗的な欲望の満足の１６倍の喜びがある」と言っています。これは１６という数字に意味があるわけではなく、霊的な満足は世俗的欲望の満足からかけ離れているほど壮大だという強調です。

　『バガヴァッド・ギーター』には、「自然に手に入るもので満足し、あれこれを比べて悩みうらやむことなく、成功にも失敗にも心動かされぬ人は、どんな仕事にも束縛されることはない」（第４章２２節）と、サントーシャへの言及があります。それは「何々が欲しいと自分では望まず、手に入ったものだけで満足し、量や質についても不満を言わない。それがサントーシャである」という説明です。これについての例をあげましょう。

　あるときシュリー・ラーマクリシュナの若い弟子たちが菜食主義は良いか、そうでもないか、という議論をしていました。菜食主義にもいろいろあり、厳格な人は肉も魚も卵も食べませんが、肉食をしなければ魚や卵を食べても許される、という考えもあります。厳格すぎて、その土地の伝統的な食事である魚まで排除すると、肉体的に弱くなってしまうと主張する弟子もいました。議論を聞いていたシュリー・ラーマクリシュナは、ずっと黙っていたヴィヴェーカーナンダに意見を求めました。すると「好き嫌いなど何もなく、ただ手に入るもので充分です」とギーターの節と同じ内容を答えました。

第3章　ニヤマ

　ところで「手に入るものだけで生活をする」というこの考えでいけば、何も手に入らない日があってもかまわない、ということになり、手に入らなかった日には断食することになります。本気で実践すれば、1日や2日の断食ではすまないかもしれませんし、手に入ったものについての文句も、何も手に入らなかったことについての文句も言えません。それがアジャガラ・ヴリッティ（ajagara vṛtti）という態度です。アジャガラとは大蛇(だいじゃ)のことで、自分からはえさを求めて動き回らず、ただ大きく口をあけて待っていて、その中にえさが飛び込んだらそれを飲み込む、という大蛇の性質になぞらえています。インドでその実践をする僧は移動することなくひとつの場所にとどまり、食事を乞(こ)うことはせずに、信者が食物を喜捨(きしゃ)したら、それを受け取ります。

第3節　タパス（苦行）

霊的な目的での苦行

　タパス（tapas）は「苦行」と訳されますが、タパ（tapa）とは「熱」という意味で、熱があがるほどの厳しい霊的実践や訓練のことです。気候の寒暖・空腹・のどの渇き・病気の苦痛などをがまんする、会話のコントロールをする（沈黙の行(ぎょう)）、楽しみのコントロールをするなどがあります。ではなぜそのような訓練をするのでしょうか。それはこの先どんな外的環境にも影響されず、何事にも左右されずに霊的実践を続けられるように自分を律するためです。

　実践者に起こりがちなのが、断食や沈黙の修行自体が目的となり、それをやりとげることのみに執着することです。タパスの本来の目的を忘れて表面的な行為にとらわれてしまうと、本末転倒(ほんまってんとう)になってしまいます。また断食が終わったらすぐ食べられるように食事の用意をしながら断食をするとか、ご馳走(ちそう)を目的にしてのタパスには、ほとんど意味がありません。霊的な実践が目的であれば、実践しながら神のことを思うべきです。断食というタパスをしながら、神の名を唱え、神に祈り、神を瞑想し、聖典の勉強をします。断食はサンスクリット語でウパヴァーサ（upavāsa）と言いますが、upa とは「近くに」、vāsa とは「住む」という意味で、誰の近くに住むのかといえば「神の近くに住む」のです。食せずに神のことを思うのが霊的な実践としての断食です。

　同様に、沈黙をあらわすサンスクリット語はマウナ（mauna）で、それはマナナ（manana：考える）に由来していますが、マウナのとき考える対象は「神」です。沈黙の行とは、沈黙して神について

考えることなのです。しゃべらない実践と捉えるだけでは浅い実践です。何もしゃべらなくても、心では仕事やスケジュールのことなど多くのおしゃべりをしている可能性があるからです。すると形だけのマウナとなり、実践の意味がほとんどありません。

2種類のマウナ

マウナには、アーカーラ・マウナ（ākāra mauna）とカーシュタ・マウナ（kāṣṭha mauna）があります。アーカーラ・マウナとは、声に出さず、身振り手振りで自分の意志を疎通させるマウナです。カーシュタ・マウナは、声を出さないことはもちろん、自分の意志も一切表現しないマウナです。ちなみにカーシュタとは「木材」という意味です。

『ラーマクリシュナの福音』のなかに、アーカーラ・マウナのおもしろい話があります。

ある老婦人が数珠を繰りながら心で神の名を念じる行をしていましたが、そこに魚屋が御用聞きにやってきました。魚屋は他の家にも商売に行かなくてはならず、彼女の行が終わるまで待っていられません。そこで老婦人は、声には出さず、あらゆる身振りを使って、自分の欲しい魚を注文しました——これでは沈黙を誓っても本来のタパスとは言えません。タパスは形だけでなく、意味を考えておこなう必要があるからです。それに断食と沈黙だけで、結果を得られるわけでもありません。タパスの目的は、どんな状況にも耐え、何が起きても気にならないようにすることです。パタンジャリ・ヨーガにおいて、タパスが必要とされる理由はそれです。

実践しやすいタパスからはじめる

　私たちができるタパスといえば、毎日朝4時、5時に起きて瞑想をしたり、食事のコントロールとして断食をしたり、会話のコントロールとして沈黙をしたり、行動のコントロールと意思力を養うためのスケジュール管理、あるいは服装のコントロールなどです。毎朝職場に行くために起きることはできても、瞑想のために早朝に起床するのは大変です。しかし大変なことをクリアしたとき、特別な経験という結果があらわれます。楽なことと霊的実践を一緒に経験することはできません。「霊的には進みたいが、ふだんのやり方は変えたくない」「楽をしたいが、幸せも欲しい」「楽して清らかになりたい。楽して自己成長したい」というのは無理な話です。

　霊的目的のために毎日の生活をコントロールすると、やがて体と心の両方に良い結果があらわれます。しかしやせたいから、おなかをこわしているから、という理由で食事のコントロールをするとき、それはタパスとは言いません。目的が世俗的なので、結果も体についてのみあらわれます。霊的な目的とは「できるかぎり神、真理のことを考える」ということで、タパスとはあくまで、霊的実践という意味の苦行です。ですから沈黙するときには「話しすぎると神のことを考えることができないので沈黙の実践をします」という意識で、断食するときには「食べすぎると瞑想に影響するので食事を制限して神について考えます」という意識でおこないます。

第3章　ニヤマ

第4節　スワーデャーヤI　聖典の学習

　スワーデャーヤ（svādhyāya）には「聖典の学習」と「オームの実践」という2つの意味があります。スワーデャーヤは第4節と5節にわたり、それらを分けて説明します。

聖典学習としてのスワーデャーヤ

　『ヨーガ・スートラ』では第2章44節で「スワーデャーヤ（霊的な書物の研究）によって自らが選んだ神との交わりが生まれる」（"Svādhyāyādiṣṭadevatāsaṁprayogaḥ"）と説明されています。また『バガヴァッド・ギーター』の第4章28節、第16章1節、第17章15節にもそのことが言及されています。

　スワーデャーヤが指す「霊的な書物」とは、ヴェーダ（Veda(s)）、ウパニシャッド、『バガヴァッド・ギーター』などのインドの聖典だけでなく、キリスト教の聖書、釈迦の言葉、『ラーマクリシュナの福音』など、真理、絶対の存在、神について書かれたもののすべてです。昔のインドでは、聖者と生徒が共同生活をして学び、生徒がすべてを修め終えて家にもどるとき、卒業生に送る言葉のように最後の助言を師からもらう慣例がありました。それは次のようなものでした——いつも正しいことを言ってください、道徳的な生き方をしてください、忘れずに学習を続けてください、あなたが学んだことを他の人にも教えてください。（"Satyaṁ vada/ Dharmaṁ cara/ Svādhyāyāt mā pramadaḥ/ Svādhyāyapravacanābhyāṁ mā pramaditavyam"）

　お金や物品は人にあげれば減りますが、知識は人にあげても減る

ことはなく、人に教えるときには自分の勉強をさらに深めなければならないことを考えれば、むしろ増えると言ってよいでしょう。知識は人を自己成長させ、将来の目標や生きる目的を見つける基礎をつくり、生活や人生をさらに豊かなものにします。インドでは学問は神聖なものとして尊敬されており、ヴィディヤー・マンディラ（Vidyā-mandira：知識の寺院）という名の大学もあるほどです。日本では弁天様として知られるサラスワティー女神（Sarasvatī）は、ヴィディヤー・デーヴィー（Vidyā devī：知識の女神）と呼ばれ、霊的か世俗的かを問わずすべての書物に住んでおられると考えられています。インド人は、もし自分の不注意によって足が本に触れたりすると、神に足で触れたのと同じことになるので、罪を清める言葉を唱えます。またサラスワティー女神を礼拝する儀式では、祭壇に本をまつります。ヴィヴェーカーナンダは僧院をひらくとき、日課の中に、聖典学習の時間を必ずもうけるように強く命じました。そうしなければ僧院のレベルが徐々に落ちていくからです。

2種類の知識――パラー・ヴィディヤー、アパラー・ヴィディヤー

知識には2種類あります。パラー・ヴィディヤー（parā vidyā：至高の知識、霊的な知識）と、アパラー・ヴィディヤー（aparā vidyā：世俗的な知識）です。パラー・ヴィディヤーは真理や聖典の勉強で、それ以外の知識がアパラー・ヴィディヤーとなります。

アパラー・ヴィディヤーは日常生活を送るため、つまり生きるために必要な知識で、それは料理、洗濯、健康の知識から、仕事のための知識、試験をパスするための知識まで、人生をよりよく生きるために重要です。しかし人生ではアパラー・ヴィディヤーとパラー・

ヴィディヤー両方の知識が必要であり、どちらか一方だけではバランスに欠けたものとなってしまいます。アパラー・ヴィディヤーだけでは幸せは得られません。パラー・ヴィディヤーだけではお金が得られず、断食を迫られるかもしれません。しかしながら現代の問題は、学ぶ知識のほとんどがアパラー・ヴィディヤーにかたよっていることです。あらゆるインフォメーションは世俗的情報です。

聖典の素晴らしいところは、パラー・ヴィディヤーだけを学びなさい、とは言わないことです。「両者をバランスよく学びなさい」「そのうえで重要なのがパラー・ヴィディヤーだ」と教えています。理由は、アパラー・ヴィディヤーをどれだけ学んでも学習の効果は今生に限られるからです。今生で博士課程まで修了しても、次の生では幼稚園からスタートです。一方パラー・ヴィディヤーは今生の学びが次の生へと引き継がれ、それを来世で生かすことができます。ところでバランスについては、「外の美しさと中の美しさ」「肉体的健康と心の健康」と説明してきましたが、バランスが重要だということを考えると、パラー・ヴィディヤーを避ける最近の傾向はとても残念です。肉体が健康なだけでは動物と同じです。心がともなわなければなりません。

スワーデャーヤとアッデャヤナ

サンスクリット語で「勉強」はアッデャヤナといい、中でも「真理や聖典の勉強」をスワーデャーヤといいます。

（1）アッデャヤナ（adhyayana）

アッデャヤナの目的は、学生なら試験で良い点をとるため、教師

なら授業を受け持つため、サラリーマンなら昇進のためなどでしょう。そのようにして学ばなければよいビジネスマンにもなれませんし、医者のようなプロフェッショナルな職業にも就けません。こうして人は、さまざまな目的で勉強をしていますが、目的を達成すると、それ以上深く学ぼうとする人があまりいないのは残念なことです。

　一般的に知識は、新聞、テレビ、インターネット、雑誌、本などから得られますが、それらの多くは浅い知識で、ゴシップ、スキャンダル、強盗や殺人などのネガティブなニュースも多く混ざっている点については、無意味で否定的といえます。それを見たり読んだりすると気分が悪くなることがあるかもしれませんが、注意してほしいのは、否定的な情報に接すると、それに応じた反応が起きることです。世俗の情報が好きな人にはおもしろいことでも、清らかになりたいのであれば、否定的な情報に接するのはできるだけ避けたほうがよいでしょう。

　自分の関心がおもむくままに、世俗的な情報を見たり聞いたりしているだけでは勉強とは呼べません。そのような人に聖典や真理について書かれた本を勧めても、「読む時間がありません」という答えが返ってきます。

（2）スワーディヤーヤ（svādhyāya）
　真理、神、永遠、無限、自己の本性について学ぶのがスワーディヤーヤです。
　しかしスワーディヤーヤと思われるものがアッディヤヤナにすぎない、というケースがあります。『チャーンドーギヤ・ウパニシャド』

(Chāndogya Upaniṣad) の中にも「聖者ナーラダ (Nārada) も、はじめから聖者であったわけではなかった」という有名な話があります——若い頃のナーラダは、哲学、文学、占星学、天文学などを熱心に勉強していましたが、幸せを感じることはありませんでした。その悩みをある聖者に相談したところ、聖者はこう答えました。「あなたはいろいろな学問を学びました。しかしそれらは解脱を目的とした学びではありませんでした。解脱を目的とした学びでなければ、真理がテーマの哲学さえ、世俗的な学問となる可能性があるのです」

次の物語も有名です。

高慢な学者が船に乗り、無学な船頭に対して「君はこの学問を知っているか？ あの学問を知っているか？」と次々に問いつめました。船頭が「知りません」「知りません」と答えるたび、学者は「君の人生の２５％は無駄だった、５０％は無駄だった……」と馬鹿にしていました。しかし「７５％は無駄だった」と言ったそのとき、突然強い風が吹き、船は沈みそうになりました。船頭が学者に「あなたは泳げますか？」とたずねると、学者は「いや、泳げない」と答えました。船頭は「私の人生の７５％は無駄だったかもしれませんが、あなたの人生は１００％無駄になりそうですね」と言いました。

この学者が勉強してきた学問は、人生に問題が起きたとき（船が沈みそうになったとき）、彼を救いはしませんでした。いくら聖典を学んでも、頭だけで理解し、お金や名声など世俗的なものを目的に勉強しているなら、それはアッデャヤナにすぎません。スワーデャーヤとは単に聖典の学習を指すのではなく、霊的な無知を取り除き、束縛から解放する「解脱」という目的で勉強する場合にのみ

使われるのです。聖典を教えることには長けていても、教師自身が聖典の教えとかけ離れた世俗的な生活を送っているのなら、それはスワーディヤーヤとは言いません。神を悟りたい、解脱したいという動機から行われる勉強がスワーディヤーヤであり、そうでない勉強はアッディヤヤナです。

「愚かなる文法学者よ！ あなたはたくさん勉強していて細かい文法規則には詳しいかもしれないが、死が目前に迫って来た時、死神の前でどんなに複雑な語形変化の知識を披露しても、それは何の役にも立たない。だからひたすら神を瞑想し祈りなさい」——これはシャンカラーチャーリヤ（Śaṅkarācārya）が作った有名な賛歌「バジャゴーヴィンダム」（Bhajagovindam）の歌詞です。

聖典を学ぶ5つのポイント

聖典勉強の目的は解脱だとわかりましたが、では聖典をどのように学べばよいでしょうか。

①読む・聞く

物語や新聞は「読む」とは言いますが「勉強する」とは言いません。それらのほとんどは、一回読んで、忘れるものだからです。一回で十分なものはたくさんありますが、聖典はそうではありません。聖典を読んだだけでは勉強したとは言いませんし、読む・聞くだけで終わりにしていては、聖典勉強の結果はあらわれません。

②理解する

読んで聞いたことを身につけるには、聖典と自分の経験を比べるなどして、経験に照らし合わせて理解することが重要です。そうす

第3章　ニヤマ

ることで、聖典の助言を人生に生かしていくことができます。

③反すう（復習）

牛が胃袋に送ったえさをもう一度口に戻して咀嚼（そしゃく）し消化吸収しやすくするように、知識の理解にも、反すうが大事です。読み聞きして理解したつもりでも、復習しなければ消化されず、理解が深まりません。同じ教えを聞いても理解に個人差があるのは、反すうしているかどうかなのです。読んで聞いただけで満足せず、習ったことを復習して思い出し、必要ならば記憶して、それについて深く考える時間をとるようにしてください。シュリー・ラーマクリシュナはもっとも高いレベルの教師でした。自分がした話の内容を、しばしば弟子にたずね、弟子の理解の程度を確認していました。良い教師とは、自分が教えたらそれで終わりにせず、生徒に反すうさせ、理解を定着させる教師です。そうでなければ生徒は聞いたことを忘れてしまい、印象に残りません。印象に残らなければ、霊的な知識であっても人生のサポートとして使えません。もちろん生徒にも復習しようという態度が必要です。

④深く記憶する

理解しても、忘れてしまったら意味がありません。しかし反すうしていれば深い記憶にもつながります。

⑤実践

最後は実践です。また実践までいかなければ、スワーディヤーヤではありません。学んだことを実生活で実践しなければ、スワーディヤーヤとは言えないのです。

シュリー・ラーマクリシュナの直弟子の一人、スワーミー・トゥ

リーヤーナンダ（Swāmī Turīyānanda）は、「私は以前『バガヴァッド・ギーター』のある1節について1週間瞑想したことがあった」と語りました。これこそスワーデャーヤです。聖典を、サンスクリット語という言葉のレベルでわかったつもりになり、その深い意味を理解せずに先に進んでも、何も得られません。

トゥリーヤーナンダジーはとても高いレベルの僧であると同時に、学者でもありました。ある僧が『バガヴァッド・ギーター』について教えてほしいと願い出たとき、彼は「これから毎日1つの節について、集中して考えてください。理解できたら、翌日は次の節、その次の節というように進んでください。これからはそのように毎日を過ごしてください。以上です」とアドバイスしました。

こうした態度で学ぶことで、心は無意識のうちに変化します。外の知識を頭に運ぶだけでは「借り物の知識」にすぎません。自分のものにしなければ、人生で使うことができず、使わなければ聖典勉強の意味はありません。「読む、理解する、反すうする、覚える、実践する」という5つのポイントをいつも思い出して、スワーデャーヤをおこなってください。ヴェーダーンタ哲学の伝統でも、学習のプロセスを、シュラヴァナ（śravaṇa：聞く）、マナナ（manana：熟考）、ニディデャーサナ（nididhyāsana：集中）、サマーディ（samādhi：三昧）と4段階に分けています。

スワーデャーヤの結果
スワーデャーヤはさまざまな良い結果をもたらします。

①良心を目覚めさせ、強くする

第3章 ニヤマ

聖典勉強の成果としての、最初の重要なポイントは「良心」です。聖典を勉強すると、良心が目覚め、強くなります。もちろんどのような人にも良心はありますが、道徳的な人、霊的な人の良心は目覚めており、世俗的な人、非道徳的な人の良心は眠っています。良心が目覚めているか眠っているか、また目覚めていても、良心が強いか弱いか、ということには大きな違いがあります。聖典には、「何が良く、何が悪いか」「何が道徳的で、何が非道徳的か」「何がサットワで、何がラジャスで、何がタマスか」という説明があります。たとえば『バガヴァッド・ギーター』の１３章、１７章、１８章にはサットワ、ラジャス、タマス（用語解説を参照）の特徴がありますが、それを学べば３つの違いがはっきりわかります。また道徳的なこと、霊的なことに関する混乱への答えも、聖典にははっきり書いてあります。聖典は、人生の偉大なガイドです。悟りを目的としている人のみならず、万人に聖典の勉強が必要な理由のひとつがそれです。

②知性がサットワ的になる

知性（ブッディ）がサットワ的になります。サットワ的、ラジャス的、タマス的知性については『バガヴァッド・ギーター』にこのような説明があります。

「すべきこととしてはならぬこと、怖（おそ）れるべきことと怖れてはならぬこと、束縛するものと自由に導（みちび）くもの、これらをよく分別する知性は、サットワ的知性である」（１８章３０節）

「正しい信仰と正しくない信仰との区別、するべきこととしてはならぬことの区別、これらが識別できないような知性は、ラジャス的知性である」（１８章３１節）

「正しくない信仰を正しいと、また正しい信仰を正しくないと、すべてを反対に取り違えてしまう、妄想と無知の暗闇に覆われたような知性は、タマス的知性である」（１８章３２節）

たいていの人の知性はラジャス的かタマス的ですが、もしサットワ的になりたいのなら、聖典の勉強が必要です。それによって、何が正しく何が正しくないか、何が真理で何が真理でないかがわかり、その理解が人生を支えて、人生に問題が起きたときに助けとなってくれるのです。聖典は素晴らしいものです。

③やる気が持続する

語学、文学、踊りなど、何であれ勉強を始めてみたものの、すぐやめてしまったという経験がある人も多いでしょう。誰しも自己成長はしたいのですが、切実な問題はやる気が続かないということです。では、やる気を継続するにはどうしたらよいのでしょうか。

毎日、毎日、聖典の勉強をしてください。聖典の勉強が進み、瞑想をするようになると、やる気が起こり、それが継続します。

④神聖な交わりの代わり

私たちのまわりは世俗的、一時的なものであふれています。目や耳に入る情報、交わされる会話のほとんどは世俗的なものであり、永遠、真理、神についての話はほぼありません。

聖典は「神聖な交わり」（ホーリー・カンパニー）の重要性を強調していますが、神聖さとは程遠い電車の中であっても『バガヴァッド・ギーター』や『ラーマクリシュナの福音』や聖書を読むことで、神聖な交わりと同じ状態をつくることができます。心がけしだいで、どんな場所でも神聖な状態にすることは可能なので、居眠り、漫画、スマートフォンのかわりに霊的な書物を読んで、スワーディーヤを

実践しましょう。すると神聖な交わりとなるだけでなく、聖典勉強にもなって時間の有効利用につながります。

『ラーマクリシュナの福音』には「サードゥ（sādhu：僧侶）に会いに行ってください」「サードゥと話をしてください」「寺院に行ってください」[1] という助言が多くあります。もっと神聖に、もっと霊的になりたいのなら、神聖な交わりはとても重要です。しかし寺院が近くにないなどしてそれが難しい場合は、聖者についての回想録や伝記を読むとよいでしょう。読むと聖者といっしょにいる感覚になり、それは神聖な交わりと同じです。素晴らしいだけでなく、その本や聖典の勉強をさらにおもしろくします。

⑤心の堕落を防ぐ

心はときどき低いレベルに行って、世俗的になることがありますが、聖典勉強が心の堕落を防ぎます。心は自然な傾向として、世俗的なものを探してきてはそれについて考えていますが、考えを止められないのなら、考えの対象をより良いもの、より知性的なもの、神聖なものに代えて、それらで心を忙しくさせようというわけです。世俗的なものについて考える余裕をなくして、心が世俗的なものに向かうことを防ぎます。

⑥人生の活力源、人生の滋養

「心の苦しみ・悲しみ・恐れ・ストレスをどのようになくすか」「さらなる喜び・幸せをどのように得るか」を知るために聖典の勉強はとても大事です。それは人生の滋養となり、私たちをまもります。たとえば『バガヴァッド・ギーター』が言う、「あなたの本性は魂（アートマン）である。魂は永遠である」「あなたは体を持っているが、あなたは体ではない」「体は一時的なものだが、あなたは体で

はないので、体がなくなってもあなたはなくならない」という内容を勉強し、本当に理解して信じると、人の最大の恐怖である「死の恐怖」はなくなります。

　心の問題についても同様です。聖典から「私は心ではない。心の状態が私の状態ではない」「心が楽しくても悲しくても、私自身とそれとは別物である」ということを勉強して、私は心の傍観者(ぼうかんしゃ)であると考えると、心は病気になりません。病気は自分と心の状態を同一視したときに始まります。しかし心というものは、あるときは楽しいし、あるときは悲しいのです。心とはそういうものだと理解して、心を観察すると、その傍観者の態度が心の問題を解決します。それが聖典勉強の成果です。

　聖典勉強をするときには、それがどのように自分の人生の支えとなるかを考えながら学んでください。勉強の前に唱えるサンスクリット語のシャーンティーマントラ（śāntimantra：平安のマントラ）のひとつ、「オーム　サハナーヴァヴァトゥ……」[2]は「ブラフマンが師と弟子を共に導いてくださいますように。主が私たち双方を養ってくださいますように。私たちが豊かな活力をもって共に働くことができますように。私たちの学習がたくましく実り多いものでありますように。愛と調和が私たちの間に宿りますように。どうか私たちを見守ってください。オーム、平安あれ、平安あれ、平安あれ」という意味で、そこにはスワーディヤーヤの考えが含まれています。このマントラを勉強の前に唱えることで、聖典勉強の本来の意味を思い出すことができます。

⑦時間の有効利用

「時間がない」と言う人がいます。しかし本当に時間がないわけ

ではありません。つまらないことに時間を使っていたら、当然大切なことに使う時間はなくなります。ぜひ毎日の日課に聖典勉強の時間を組み込んでください。それが限りある人生において、時間を有効に使うことにつながります。

⑧頭脳明晰になる

聖典の勉強は脳の運動となり、頭脳を明晰にします。一般の雑誌や新聞を読むのとでは脳への効果が違います。

⑨真理を悟る

聖典は真理について書いてあります。悟りの方法、悟りにいたるまでの障害、その障害をどう取り除くか、真理を勉強した結果は何か、などが書かれています。真理を悟りたいなら、聖典勉強は不可欠です。

［1］『ラーマクリシュナの福音』8頁ほか（日本ヴェーダーンタ協会）2014年。

［2］"Om saha nāvavatu/ saha nau bhunaktu/ saha vīryaṁ karavāvahai/ tejasvi nāvadhītamastu mā vidviṣāvahai// Om śāntiḥ śāntiḥ śāntiḥ"

聖典を選ぶ

王が息子の教育をある学者に依頼したとき、学者は次のように語ったそうです。「聖典は数限りなくある。ひとたび学び始めると、深く果てしない巨大な森に迷い込んだようになってしまう。聖典そのものだけではなく、その注釈、注釈についての注釈など、際限がない。さらに聖典を解釈する視点も、非二元論、限定非二元論、二元論など多数ある。いっぽう聖典を学ぶ人間の寿命は有限で、睡眠

中は学習できない。人間は幼児の間はほとんど寝ていて、年老いて体が弱ると、これまた寝ている時間が多くなる。こう考えると人間の一生のうち、学習できる時間はとても短い。膨大な聖典を限られた時間で学ぶなら、白鳥が水とミルクが混じり合った液体からミルクだけを選り分けて飲むように、聖典も、エッセンスだけを学ぶべきだということがわかるだろう」

　たくさんある聖典のうちから何を読むべきかについては決めなければなりません。私の考えでは、毎日の学習として2種類の本を勧めます。ひとつは真理についての本、たとえばさまざまなウパニシャッド、聖書、釈迦の教え、『ラーマクリシュナの福音』など、もうひとつはその真理の説明と実践について書かれた本です。この2種類の本の中で、何を選択するかは自由ですが、大事なことは、「毎日学習すること」です。この2種類の本に加えて、ときどき他の聖典を読むのもかまいませんが、混乱が生じてきたら先生やグル（霊性の師）に相談してください。よくある混乱が、いろいろな霊性の本、宗教の本を勉強して多くの疑問や混乱を感じ、それに翻弄されてしまうことです。たとえばバクティ・ヨーガ（愛と信仰の道）をみずからの実践方法として選んでいるのに、クリシュナムールティ（Kṛṣṇamūrti）やラマナ・マハリシ（Ramana Maharṣi）などのギャーナ・ヨーガ（知識の道）の本を選んで勉強すると混乱が生じる可能性があります。本当に霊的実践をしたいなら、自分の性格を分析して、ギャーナ・ヨーガ、バクティ・ヨーガ、ラージャ・ヨーガ、カルマ・ヨーガの中から自分に合った悟りの方法を選んでその聖典を勉強してください。人の意見をうのみにしてもいけません。悟りの方法は人によってさまざまだからです。

また世俗的、唯物主義的な本は避けるようにしてください。有名な科学者の本であっても「神はいない、真理はない、すべて想像、すべてまぼろし」と書いてあるものは求道者にとっては毒のようだと考えて、避けてください。なぜならその種の本は、霊的実践へのやる気をすべてなくしてしまうおそれがあるからです。実践する人にとって、この助言はとても重要です。

毎日のスケジュールの中にスワーデーヤの時間を作る

「時間がない」という人がいます。しかしやる気を出せば、時間は見つかります。そして時間を見つけるためにも毎日のスケジュールをつくり、その中に、絶対に聖典勉強の時間を３０分ぐらいは入れてください。仕事の日には難しくても、休みの日にはとれるでしょう。「何時から何時まで勉強する」と決めて、最初からスケジュールに組んでおくのです。すると勉強する可能性が出てきます。時間があるときにやろうと考えていては、結局やらないかもしれません。

学習の最適な時間帯は朝です。自己成長のため、自分の人生の支えとするために、毎朝３つの実践［体の運動（ヨーガ、ウォーキング、ジョギングなど）、瞑想、聖典の学習］をそれぞれ３０分ずつおこないます。朝実践すれば、その効果は眠りにつくまで持続します。しかし夕方おこなうと、昼間の仕事で疲労しているうえ、効果が続くのは就寝までの短い時間です。目覚めている間、平安でいたいですか？　眠っている間、平安でいたいですか？　もし両方とも平安でいたいなら、朝と晩の両方、実践をおこなってください。

朝４時ごろはブラーフマ・ムフールタ（brāhma-muhūrta）と呼ばれるとても神聖な雰囲気の時間帯です。深夜の静かな時間もよい

ですが、ブラーフマ・ムフールタにはおよびません。「朝寝ていたために一日の中の最良の時間を失う」という金言もあります。自然界でもたいていの生きものは早朝に起きて活動しています。

第3章　ニヤマ

第5節　スワーディーヤⅡ　オームの実践

オームの実践

　スワーディーヤのもうひとつの意味は「オーム（Om）の実践」です。オームの実践とは「オームの意味を深く集中して考えること」「オームを唱えること」です。

　オームは、イーシュワラ（Īśvara：神）とブラフマンのシンボルです。パタンジャリ・ヨーガの中心テーマは神ではありませんが、『ヨーガ・スートラ』の第1章23節には「イーシュワラに集中して瞑想すると心はしずまる」（"Īśvarapraṇidhānādvā"）とあり、心との関係性が述べられています。また28節には「それ（オーム）を繰り返し唱え、その意味を集中して考える」（"Tajjapastadarthabhāvanam"）とあります。

　また27節の「神は聖音オームに顕現する」"Tasya vācakaḥ praṇavaḥ"にあるpraṇava（プラナヴァ）とはオームのことで、聖典ではプラナヴァとオームは同じように使われています。プラナヴァ（字義は良い舟）は「オームという舟に乗り、世俗的な川の向こう岸に渡る」という考えから来ているのですが、さらに「神をたたえる」「古くならない」という意味もあります。オームはどんなに繰り返し唱えても、つねに新鮮で、古くなることはありません。

オームを唱える目的

　「オームを唱えることには19の意味、あるいは目的がある」と言われています。例をあげると、全知、宇宙の支配、邪悪なものからの守護、すべての願いの成就、無知からの解放、悟りをもたらす、

解脱するなどです。

『ムンダカ・ウパニシャッド』(Muṇḍaka Upaniṣad) には「オームが弓で、アートマンが矢。そして的がブラフマンである」(第2部第2章4節) という句があります。オームを集中して唱えることによって、個人の魂（アートマン）が偉大な魂（ブラフマン）に合一するというたいへん美しい描写です。

また『カタ・ウパニシャッド』(Kaṭha Upaniṣad) には「オームの実践によって、無形のブラフマンと有形のブラフマンの両方を悟ることができる」(第1部第2章17節) とあります。ブラフマンには形も性質もないパラ・ブラフマン (Para Brahman) と、形と性質を持ったアパラ・ブラフマン (Apara Brahman) があります。それらはただ姿が異なるだけで、ともに全知・全能・遍在なのですが、オームを唱えることで両方のブラフマンを悟ることができる、つまりオームの実践は、解脱するための直接的な方法だということを言っています。『カタ・ウパニシャッド』は、死神がナチケータスという賢い若者に霊的な教えを述べる物語形式のウパニシャッドですが、そこで死神は「全ての霊的実践が目指すゴールはオームである」[1] と語っています。

[1]『カタ・ウパニシャッド』(第1部第2章15節)「すべてのヴェーダが述べている究極の目的、すべての禁欲や苦行の最終目的はオームである」

オームの特徴
オームの特徴について説明します。

第3章　ニヤマ

①オームは神／絶対の真理／ブラフマンの永遠のシンボル

「Aさん」という名を呼ぶときにはAさんの姿や性質をイメージするように、名前と形、言葉と言葉の意味には密接な関係があります。しかしその関係は永遠かというと、結婚や改姓で名前は変わりますし、死後に忘れ去られることもあり、永遠とはいえません。しかしオーム（名）とブラフマン（それが示すもの）の関係は永遠です。以前には関係がなかったがある時点から結びついたとか、今は関係しているがこの先はわからないとか、今は関係ないが将来関係が生じるというものではなく、オームとブラフマンは永遠の関係です。

宇宙の創造・維持・破壊のときも、オームは存在しなかったのかというと、そうではなく、破壊のときにはオームの波動はとても精妙になって存在し続け、次の創造のときには高いレベルの聖者の心にその精妙な波動があらわれます。これがヴィヴェーカーナンダの説です。オームとブラフマンの関係は永遠ですが、オームの精妙な波動を聞きとることのできる聖者は、普通の聖者とは異なる、神に近い全知ともいうべき、非常にレベルの高い聖者です。

②オームには原因がない

音が生じるには原因があります。手で机をたたくと音がしますが、それはたたくという行為が原因です。このように、聞きとれるすべての音には原因がありますが、オームには原因がありません。絶えず振動しているオームを聞きとれるのは、心が清らかで、とても高いレベルの聖者やヨーギーだけで、普通の人には聞こえません。トゥリーヤーナンダジーは、かつて、東インドにある有名なジャガンナート寺院に足を踏み入れた瞬間、突然オームの音が聞こえてきて、大いなる至福に包まれたと述懐しています。

③宇宙はオームで創造された

神はオームという音（振動）でこの宇宙を創りましたが、これは「はじめに言葉ありき」というキリスト教の考え方とよく似ています。しかし聖書が「創造は神の言葉（ロゴス）から始まった」と言うのに対し、ヒンドゥ教は「言葉」ではなく「オーム」と特定しています。

④オームはもっとも心をしずめる音

オーム以外に心をしずめる効果を持つ音は他にもあるでしょう。しかし、オームほどの強い効果を持つ音は他にありません。

⑤オームは誰もが容易に発音できる

オームの発音に、何も難しいことはありません。複雑な口の形も、特別なのどの使い方もいりません。何度も唱える言葉は、どのような言語を使っている人でも楽に発音できることが肝心なのです。

⑥オームは普遍的

オームは、宗派、宗教、国を問わずに唱えられています。ヒンドゥ教では、ホーマ（homa：護摩供養）の儀式で供え物をするときには必ずオームを唱えます。神に花や水を供えるときのマントラもオームです。勉強の前に唱えるマントラも、すべてのシャーンティー・マントラ（平安のマントラ）もオームを使います。ディークシャ・マントラ（dikṣa mantra：入門時に授かる個人的なマントラ）は、ビージャ・マントラ（bija mantra：種のマントラ）と神の御名という2つの部分から構成されているものが多いのですが、そのほとんどにもオームが含まれています。たとえばシヴァ神のマントラは、「オーム　ナマ　シヴァーヤ」（"Om namaḥ Śivāya"）あるいは「オーム　シヴァーヤ　ナマハ」（"Om Śivāya namaḥ"）であり、神の名の前

にオームが置かれます。

　ヒンドゥ教にはさまざまな学派がありますが、学派間には論争があっても、そのどれもがオームを使っています。興味深いのは、インドでは少数派の無神論を唱えるチャールヴァーカ（Cārvāka）派ですら、オームを唱えることです。またヒンドゥ教だけでなく、チベット仏教にも「オーム　マニ　パドメ　フム」（Oṁ Maṇi Padme Hum）というマントラがあります。またヒンドゥ教以外の宗教、ジャイナ教やシーク教でもインドではオームが使われています。キリスト教のアーメン（āmen）やイスラーム教のアーミン（āmin）もオームが元であるという説もあります。

　さらには音としても、普遍的です。オームはア・ウ・ムの3文字で、1つの音節を構成しています[1]。私たちが自然に声を発するとき、最初にのどから出る音は「ア」であり、その音が口の中に上昇してきて徐々に口が閉じられていくとそれは「ウ」に変わり、完全に唇が閉じられるとそれは「ム」になります。オームは、のど→口→唇と、最初の音の発音から最後の音の停止まで、人間の発声行為としてとても自然なのです。

　オームはすべての国の、すべての言語の発音の母体とも呼べる、基本的かつ普遍的な音です。サンスクリット語だけではなく、日本語も含め、すべての言葉はオームの3つの音の並べ替えと組み合わせから成り立っています。

　　[1] オームの表記としては、アルファベットのOM、AUM、カタカナのオウム、アウム、アウンなどがあるが、どれもサンスクリットの発音からすると不完全である。そこでオームを構成する3文字の表記としては、便

宜上、カタカナのア・ウ・ムを使用した。ムの音は、ma（マ）と mo（モ）の中間だが、ムで統一した。

オームの３つの文字の意味

オームのア・ウ・ムには、それぞれシンボルとして意味があり、３音を合わせたオームにも、意味があります。

『マーンドゥーキヤ・ウパニシャッド』(Māṇḍūkya Upaniṣad)はオームについて書かれた全１２節の聖典ですが、第１節には「オームはブラフマンであり、過去・現在・未来であり、時間を超越して永遠である」、第２節には「我々が外に見るすべてのものはブラフマンであり、内にあるこのアートマンはブラフマンである。オームと一体であるそのアートマンは、４つの部分から成り立っている。４つ目の部分はそれまでの３つを超越している」とあり、この４つの部分が何なのかについて、さまざまな説明をしています。

ア＝粗大
ウ＝精妙
ム＝より精妙
オーム＝もっとも精妙

ア＝粗大
ウ＝精妙
ム＝原因
オーム＝大原因

ア＝目覚めた状態
ウ＝夢見の状態
ム＝夢を見ない深い睡眠の状態
オーム＝超越

　目覚めた状態のとき、意識は外側に向いています。夢見の状態のときの意識は内側を向いて経験や記憶と混ざり合っています。深い睡眠状態では凝縮された意識のみが存在しますが、しかし、無知の状態です。そして超越の状態については「感覚を越え、理解を越え、表現を絶したもの」「しるしが何もない、存在しているとも言えない、アートマンと一体で区別できない、その状態になるとすべてがなくなる、筆舌に尽くしがたい平安、至高の善」（第7節）と言っています。他のウパニシャッドでも、超越状態については「平安で、幸福に満ちていて、非二元である」と言っています。

　また、ア・ウ・ムの文字を、a・u・mを頭文字とするサンスクリット語に結びつけた説明もあります。

ア＝始まり（ādimatva）＝創造と、創造の神
ウ＝進展・維持（utkarṣa）＝維持と、維持の神
ム＝限界・破壊（miti）＝破壊と、破壊の神
オーム＝ブラフマン

　さらに、

ア＝リグ・ヴェーダ（Ṛg-veda）
ウ＝サーマ・ヴェーダ（Sāma-veda）
ム＝ヤジュル・ヴェーダ（Yajur-veda）

ア＝世界（私たちがいるこの世界）
ウ＝天国と世界の中間の場所
ム＝天国

のシンボルであるという解釈もあります。

オームの唱えかた

　オームを唱えるときにまず大切なのは、オームに尊敬の心を持つことです。そして最初のオは短めに、最後のムを長めに発音することです。一般的に唱えられるオームは、オが長くてムが短いようですが、それは正しい唱え方ではありません。オを発声するときに神に集中して敬意を払い、その尊敬の念を、長くムを発声しているときまで持続させてください。このように集中しないと、オームと言いながらも、心では世俗的なことを考えてしまいます。オームを心の中で唱えるときには、呼吸とともに唱えます。そしてオームの意味を思い出し、それについて集中して考えながら、繰り返し唱えてください。

　日本の仏教でもマントラ（真言、お経、お題目）を唱えますが、ふつう瞑想と同時におこなうことはありません。ヒンドゥ教はそれと異なり、マントラだけを唱えることもありますし、瞑想だけすることもありますし、マントラと組み合わせた瞑想もします。この中で初心者に勧められるのが最後の方法ですが、なぜかといえば、口

で唱えるだけでは心はほかのことを考えてしまうから、また瞑想だけをおこなうのは初心者には難しいからです。それにこの方法なら『ヨーガ・スートラ』第1章28節で言っている、意味を熟慮(じゅくりょ)しつつ繰り返し唱える実践を無理なくできます。

　ところで「意味を熟慮しつつ」の「意味」とは何でしょうか。先ほど、オームの指し示すものはブラフマンであると述べましたが、オーム・マントラの場合、その「意味」は「ブラフマン」です。つまりオームだけを唱えるとき、瞑想すべきは、シヴァ、ヴィシュヌ、クリシュナ、ドゥルガー、シュリー・ラーマクリシュナなどの形がある神ではなく、ブラフマン、絶対の真理にすべきだということです。したがってこれはギャーナ・ヨーガの瞑想となります。それとは異なり「オーム　ナマ　シヴァーヤ」と唱えるときには、無形のブラフマンではなく、形のあるシヴァ神を瞑想します。

　ところで最初のうちは、形ある神を瞑想しつつ唱えていても、実践が進むと、形ある神の別の姿であるブラフマンがあらわれてきます。アパラ・ブラフマン（形と性質を持ったブラフマン）からパラ・ブラフマン（形と性質のないブラフマン）へと瞑想の対象が変わっていくのです。瞑想はこのようにして深まっていきます。しかし最初から無形のブラフマンを瞑想することは難しいので、まずは自分が選んだ神への瞑想から始めてください。バクティ・ヨーガ（形ある神への瞑想）はやがてギャーナ・ヨーガ（形のないブラフマンへの瞑想）とひとつになります。両者は矛盾するものではありません。

マントラの唱え方

　オームにかぎらず、マントラの唱え方には、ヴァーチカ（vācika）、

ウパーンシュ（upānśu）、マーナシカ（mānasika）があります。ヴァーチカは、声に出して、かすかな声で唱えます。ウパーンシュは、声に出さずに唇だけを動かして唱えます。マーナシカは心の中だけで唱えます。霊的実践は可能なかぎり密かにおこなうべきで、他人に見せびらかすものではありません。中には自分が霊的な人間であると印象づけたいために、人前で、他人に分かるように数珠をくる人もいますが、その行為は霊性の本道からは外れています。数珠があっても衣服の中などに隠し持っておくべきです。

　心が世俗的なことを考えていてはマントラを唱える意味がない、という点からすると、マーナシカはもっとも優れた方法ですが、それは初心者が突然にできるものではありません。ですから最初はヴァーチカをしながらマントラの意味に集中しつつ唱えてください。声に出して唱えると、耳でもその音を聞くので自然に心にインプットされ、落ちつかない心をしずめていくことができます。心が本当にしずまれば、マーナシカに進むことができます。自宅でヴァーチカの実践を重ねれば、外出中でも他人を気にすることなく、マーナシカでマントラを唱えられるようになります。

マントラを何回も繰り返して唱える理由

　マントラを何回も繰り返して唱えることをジャパ（japa）といい、それは霊的実践の大きな柱です。ではなぜマントラを何回も繰り返す必要があるのでしょうか。

　私たちの潜在意識には、過去の何千、何万という生まれ変わりで経験した、世俗的なサムスカーラが、数えきれないほど蓄積されています。汚れがこびりついた食器は１回の洗浄ではきれいにならな

いように、不純なサムスカーラを浄化するのにもオームを何回も繰り返す必要があるのです。また外出して繁華街を歩けば、新たな世俗的な波動が無意識のうちに感覚器官から入ってきます。日々蓄積する汚れを清めるためにも、ジャパは必要なのです。

ジャパには「良くないものを取り除く」ことに加え、「純粋で神聖な傾向を形成する」という積極的な意味もあります。またいつでもどこでもおこなうことができる実践なので、家事、ヨーガ、入浴、電車通勤、他人への奉仕などのときにおこなえば、つねに神とつながることができます。最終的にはアジャパー・ジャパ（ajapā japa：自分ではジャパしているという意識がないのに、無意識のうちにジャパをしている）の状態が理想です。すると睡眠中にもジャパが続き、たとえば不純な夢を見ることを阻止してくれます。第2章アヒンサーの節で述べたイスラム教徒の父親は、体から絶えず「アッラー　アッラー」と音がしていましたが、それはアジャパー・ジャパの状態だったのです。

ところで、他の宗教とヒンドゥ教および仏教との違いは、人の傾向は現世だけでなく、過去世（複数）から引き継がれているサムスカーラにも起因する、と考える点です。釈迦の話に「人が一生を終えて火葬されるとその肉体は灰になるが、ひとりの人間の過去世の火葬でできた灰をすべて集めると、それは山の高さになる。ひとりの人間が過去世で飲んだ母乳をすべて集めると、それは海になる」というものがあります。サムスカーラを消し去ることがどれほど大変かがこれでわかるでしょう。しかし絶望することはありません。霊的実践をするとともに、神の恩寵にすがればよいのです。

シュリー・ラーマクリシュナは言っています。「私たちのサムス

カーラは確かに巨大な山だが、それは綿でできた山だ。マッチの火をちょっとつければ、たちまち焼けて消え失せてしまう」

　霊的実践をして、神の恩寵が得られれば、過去のサムスカーラがなくなるだけでなく、神聖なサムスカーラが新たに始まります。そして天国に行くことができるだけでなく、ふたたび生まれることなく、解脱できます。これがオームのジャパによってもたらされる結果です。

第6節 イーシュワラプラニダーナ（神を瞑想する）

イーシュワラとは何か

ニヤマの最後の実践は、イーシュワラプラニダーナ（iśvarapraṇidhāna）です。『ヨーガ・スートラ』には第1章の23節から30節、第2章32節、45節にその説明がありますが、イーシュワラの考え方はたいへん興味深いものです。

イーシュワラの語源はイーシャ（iśa：持ち主）で、『イーシャ・ウパニシャド』（Īśa Upaniṣad）の最初のマントラに「宇宙に存在するすべてのものの根底に住みたまう主のみが実在である」（"Om iśāvāsyam idaṁ sarvaṁ yat kiṁ ca jagatyāṁ jagat"）とあるように、世界の宗教が言うところの「主」であり「神」です。

ところで神のイメージとしてはおおよそどの宗教も同じであるものの、性質や特徴などの詳しい部分については、それぞれの宗教で異なっています。インドの六派哲学（用語解説を参照）に限ってみても、ヨーガ哲学の「イーシュワラ」とヴェーダーンタ哲学の「イーシュワラ」は同じではありません。イーシュワラとは何かについては、各哲学での概念をふまえて説明していきます。

インド哲学におけるイーシュワラの説明

（1）サーンキヤ哲学の「プラクリティリーナ・プルシャ」

六派哲学のうち最も古いのが、カピラ（Kapila）が開祖のサーンキヤ哲学です。そこにはイーシュワラという概念はなく、プラクリティリーナ・プルシャ（Prakṛtilina-puruṣa）という概念があります。このプラクリティリーナ・プルシャを理解するために、まず、プル

シャ（Puruṣa）とプラクリティ（Prakṛti）という2者の特徴を説明します。

- プルシャは多数、プラクリティはただひとつです。
- プルシャの本性は、純粋、知識、自由です。プルシャには、執着、欲望、無知、束縛はありません。
- プルシャは純粋な意識です。意識なので、活動することはできません。
- プラクリティは根本的エネルギーです。エネルギーなので、活動する存在ですが、意識を持っていません。意識がないので、プルシャがいなければ、活動することはできません。
- 活動にはプルシャとプラクリティ、両方が必要です。プラクリティがプルシャの近くにきたとき、プルシャの接触（コンタクト）によって活動が始まります。
- 純粋、知識、自由がプルシャの本性ですが、プルシャがプラクリティと自分を同一視すると、無知と束縛の状態となり、みずからの本性を忘れます。
- しかしプルシャにプラクリティの影響がなくなれば、プルシャはみずからの本性を理解します。それが悟りです。[1]

プラクリティリーナ・プルシャというのは、プルシャの中の、自分の本性を悟ったプルシャのことです。それは非常に強い力を持ち、プラクリティをコントロールできるほどです。普通の人間（プルシャ）はプラクリティのコントロールなどできませんが、プラクリティリーナ・プルシャはプラクリティをコントロールして、プラ

クリティのすべての力を自分の力として使うことができます。それがどれほどかというと、宇宙の創造・維持・破壊ができるほどです。

しかし、ひとつ問題が生じます。あるプラクリティリーナ・プルシャが宇宙の維持を考えているとき、他のプラクリティリーナ・プルシャが宇宙の破壊を考えているとしたら、彼らの願いは衝突するのではないでしょうか。

この問題を、サーンキヤ哲学では「あるひとつの周期（サイクル）においては、あるプラクリティリーナ・プルシャが宇宙の面倒を見、別の周期には別のプラクリティリーナ・プルシャが面倒を見る」という考えで解決しています。しかしどのプラクリティリーナ・プルシャがどの周期を担当するかについては、「わからない」というのが答えです。その解決は、ヨーガ哲学の「イーシュワラ」という概念に見出すことができます。

（２）ヨーガ哲学の「イーシュワラ」

ヨーガ哲学はサーンキヤ哲学のアイディアを引き継ぎながら、新たに「イーシュワラ」という独自の考えを生み出しました。プラクリティリーナ・プルシャの中の、特別なプルシャをイーシュワラだとしたのです。ここでは「プラクリティリーナ・プルシャ」と「イーシュワラ」とを比較しながらイーシュワラを理解していきます。

- プラクリティリーナ・プルシャは、もともとあった束縛から、霊的実践の結果、自由になります。カピラも最初は束縛されたプルシャでしたが、実践の結果、プラクリティリーナ・プルシャになりました。しかしイーシュワラは最初から自由です。

- プラクリティリーナ・プルシャは大変高いレベルにありますが、それでも将来ふたたび束縛されてしまうおそれがあります。しかしイーシュワラにその可能性はありません。
- プラクリティリーナ・プルシャは、最初から全知全能であったわけではなく、全知全能の獲得をめざして霊的実践をした結果、その力を得ました。しかしイーシュワラははじめから全知全能でした。
- プラクリティリーナ・プルシャの性質がどれほど偉大でも、イーシュワラの性質を超えることはできません。イーシュワラはプラクリティリーナ・プルシャの師です。プラクリティリーナ・プルシャはイーシュワラの恩寵で、最高の悟りを得られます。
- イーシュワラは完全に満たされているので、自分の願いは何もありません。しかし他者を束縛から解放したいという慈悲心から、活動することがあります。一方プラクリティリーナ・プルシャには、最初、個人的な願望があり、実践するにつれて徐々に清らかになっていきました。プラクリティリーナ・プルシャも、他者を助けたり、解脱をあたえる力は持っていますが、その力は有限です。イーシュワラのその力は無限です。
- サーンキヤ哲学では、プラクリティリーナ・プルシャの力がおよぶ範囲は自分が担当する周期に限られますが、ヨーガ哲学でのイーシュワラは、そのような制限を受けません。イーシュワラの力は無限で、イーシュワラが宇宙を創造し、維持し、破壊します。宇宙をコントロールするのはイーシュワラだけです。

（3）ヴェーダーンタ哲学の「ブラフマン」

サーンキヤ哲学の「プラクリティリーナ・プルシャはプラクリティをコントロールする。一方、悟っていない大多数のプルシャはプラクリティにコントロールされている」という考えは、「悟っていない人はマーヤー（māyā）に幻惑され、マーヤーにコントロールされている」というヴェーダーンタ哲学の考えとよく似ています。

ところでヴェーダーンタ哲学でも「イーシュワラ」という言葉を使いますが、それとヨーガ哲学の「イーシュワラ」とは何が違うのでしょうか。ヨーガ哲学では、プルシャ、プラクリティ、イーシュワラを別々の概念と捉えています。ヴェーダーンタ哲学では、唯一の実在である「ブラフマン」が形をとってあらわれたものがイーシュワラであると考えており、区別がありません。「ブラフマン」「マーヤー」「イーシュワラ」という言葉や概念はあっても、それは唯一の実在であるブラフマンのさまざまな形だというのです。この点がサーンキヤおよびヨーガ哲学とヴェーダーンタ哲学との大きな違いです。

ヴェーダーンタ哲学では、[ブラフマン→アヴィヤクタ（avyakta：潜在状態の根本的エネルギー。それを現れていないプラクリティ、マーヤーともいう）→ヒランニャガルバ（hiraṇyagarbha：現れた根本的エネルギー。現れたプラクリティ、イーシュワラともいう）]という順で宇宙は現れるとしています。そして、どの現れも、ブラフマンの現れであり、氷も水も水蒸気も本質は H_2O であるように、ブラフマンという一者だけが存在し、それが形と性質を変えて、さまざまなものとなって現れているとしています。[2]

[1]用語解説の「宇宙の創造」（1）を参照。

［2］用語解説の「宇宙の創造」（2）を参照。

イーシュワラの証明方法

ではヨーガ哲学で登場してきたイーシュワラについて、それが本当に存在するという証明はどのように可能でしょうか。ヨーガ哲学者の想像の産物かもしれません。はっきり証明できなければイーシュワラへの信仰を持てず、イーシュワラプラニダーナの実践もできません。

インド哲学では、あることが正しいかどうかを判断するためにプラマーナ（pramāṇa）という6つの認識根拠（その認識が可能であれば存在を証明できる）を用います。

①プラテャクシャ・プラマーナ（pratyakṣa pramāṇa：直接体験）

見る、聞くなど、五感を使った直接的体験による証明です。これにはニルヴィカルパ・プラテャクシャ・プラマーナ（nirvikalpa pratyakṣa pramāṇa：今の体験）と、サヴィカルパ・プラテャクシャ・プラマーナ（savikalpa pratyakṣa pramāṇa：過去の体験）の2種類があります。

②アヌマーナ・プラマーナ（anumāna pramāṇa：推論・推測）

たとえば遠くの山頂に煙が見えたとき、そこには燃えている火があると想像できます。これは①と違って直接火を見てはいませんが、経験上、火と煙の関係を知っているので、火の存在を推測した、という証明方法です。

③ウパマーナ・プラマーナ（upamāna pramāṇa：比較・類比）

ある経験をしたとき、人は過去の経験と照らし合わせて類似性を

見い出し、それによって新たな認識を得ます。

④シャブダ・プラマーナ（śabda pramāṇa：言葉）

聖典の言葉と、普通の本や新聞などに書かれている言葉は、まったく異なります。聖典の言葉は、それ自体がそのまま証明となります。

シャブダには２種類あります。ひとつは特定の個人によって書かれたものではない、アパウルシェーヤ（apauruṣeya）です。ヴェーダ聖典がこれにあたります。ヴェーダ聖典は、ある周期が終わって新しい周期が始まったとき、精妙な形で受け継がれた真理が聖者の心の中に降りてきた（あらわれた）もので、それは神の言葉であり、特定の聖者がつくったものではありません。

もうひとつはアープタ（āpta）[1]による言葉です。これは神の化身や、悟った聖者の言葉です。

⑤アルターパッティ・プラマーナ（arthāpatti pramāṇa：仮説・仮定）

これは一例ですが、断食宣言をした人が徐々に太っているとしたら、人が見てないときに食べているに違いないと仮定できます。これは②のアヌマーナとは少し異なります。②の推測では、煙と火は性質上の強い結びつきがありますが、⑤の仮定では太ったことと断食宣言に結びつきはありません。

⑥アヌパラブディ・プラマーナ（anupalabdhi pramāṇa：不在認識）

あったものがない、という不在の認識によってそのものの存在を証明することもできます。「ない」という認識は「ある」という認識と同じく、情報であり知識です。

そして存在の証明には、少なくとも1つのプラマーナによる証明がなされなければなりませんが、ではこの6つのうちのどれを、イーシュワラの存在の根拠に使えばよいでしょうか。答えはシャブダ・プラマーナです。シャブダ・プラマーナだけが証明可能です。聖典に「神は存在する」と書かれているからそれが証明されるのであって、それ以外の認識方法で証明することはできません。ヒンドゥ教のヴェーダ、キリスト教の聖書、イスラーム教のコーラン、仏教の釈迦の教えなど、すべての聖典のエッセンスは皆同じで、どの聖典にもイーシュワラ（神）の存在が書かれています。［なぜ神が存在すると言えるのか？　⇒　聖典に書かれているから］、［なぜ聖典が正しいのか？　⇒　神がつくったから］、これが論理（ロジック）です。

　すべての聖典が「神は存在する」と言っています。表現方法は異なり、また釈迦はイーシュワラという言葉も神という言葉も使っていませんが、すべての聖典のエッセンスは「永遠で絶対の存在がある」ということです。シャブダは悟った人の言葉ですから、悟った人の言葉を信じてそのとおりに実践すれば、誰でも悟れるのです。

［1］アープタ（āpta）とは「到達した人」「その人自身の内からくる知識を持つ人」という意味である。アープタと見なされる条件は、①純粋であること。利己的な動機を持たず、名声を欲しがっていないこと。②通常の意識を超え、普通の人の感覚からは得られない、しかも世のためになる「何か」を与えること。③他のもろもろの真理と②で述べられていることが矛盾しないこと。④特異な存在ではなく、すべての人々が到達できるものの代表であること。（『ラージャ・ヨーガ』124頁（日本ヴェーダーンタ協会）より）

第3章 ニヤマ

イーシュワラプラニダーナの結果

サーンキヤ哲学になかった「イーシュワラ」が初めて明かされるのが、『ヨーガ・スートラ』第1章23節 "Īśvarapraṇidhānādvā"（イーシュワラに集中して瞑想することによっても［悟る］）です。

イーシュワラは全知全能で、さまざまな恩寵をあたえることができます［1］。そのもっとも高い恩寵が「サマーディ」で、パタンジャリ・ヨーガの他の実践［集中の修練（abhyāsa：アッビヤーサ）と放棄（vairāgya：ヴァイラーギャ）］の代わりに、イーシュワラプラニダーナの実践［イーシュワラへの集中、信仰、献身、礼拝、瞑想］を完璧にできれば、他の実践をしなくても、サマーディに到達するのです。これはパタンジャリが初めて明言したことです。

イーシュワラプラニダーナによって、イーシュワラの本性がサッチダーナンダだと悟ります。マクロ（イーシュワラ）の本性とミクロ（自分）の本性は同じなので、イーシュワラの本性を理解すれば、自己の本性を理解することができます。それがイーシュワラと自分との合一であり、サマーディです。

そして第1章29節に「自己の魂の本性を理解できるだけでなく、霊的実践における障害を取り除くこともできる」("Tataḥ pratyakcetanādhigamo' pyantarāyābhāvaśca") とあるように、イーシュワラプラニダーナは霊的実践に立ちはだかる障害も取り除きます。これは重要です。実は霊的実践を重ねている人でも、サマーディまでにどのような障害が待ちかまえているかをはっきり知らないことが多いのです。遭遇する可能性がある障害について事前に知ることは、実践の道を照らす明かりのように大きな助けとなります。

［１］「イーシュワラの恩寵によりサマーディに到達できる」ということについては、「恩寵をただ待てばよい。実践をせずにイーシュワラにおまかせすればよい」という意見と「努力して実践すれば、サマーディでも何でも得られる。イーシュワラの恩寵など必要ない」という意見があるが、いずれもまちがっている。サマーディは、個人の努力だけで得られるものではなく、神の恩寵が必要だからである。また個人の努力なしに、神の恩寵だけでも達せられない。求道者が神に１歩近づくと、神は１０歩近づくといわれている。それが神の恩寵である。努力して、神の恩寵を待つ態度が必要である。

霊的実践における９つの障害

『ヨーガ・スートラ』では、霊的実践には９つの障害があると書かれています。イーシュワラプラニダーナによって、それらすべてを取り除くことができます。

①ヴィヤーディ（vyādhi：病気）

病気になるとヨーガの実践はできません。これを取り除くには、健康維持のためには何をしたらよいかを考え、それを実行することです。『バガヴァッド・ギーター』には「ヨーガを行ずるには多く食べすぎても、少食すぎてもいけない」（第６章１６節）とあります。病気の原因としては過食であるケースがほとんどですが、消化しやすい食材と調理法を選び、美味であっても刺激的なものは避けて、バランスがとれた食事とタイミングに気をつけましょう。

ところで体によい食事とイーシュワラプラニダーナには、どのような関係があるのでしょうか。ある人が体調を崩して医者のもとに行くと、医師が「これとこれは食べないように」と助言しました。

すると その人は「それを食べられないなら生きている意味がありません」と答えたといいます。この人は、食べるために生きている状態ですが、それをイーシュワラプラニダーナ（神を集中して瞑想する）によって変えることができるのです。神を瞑想することで、満足するまで好きなものを食べたいと思っていた心が、生きるために食べるのだという心に変わります。生きるために食べる態度はヨーギーの態度です。神について考えたい人には健康な体が必要で、その維持のために正しい食事が必要です。

ヨーギーは、病気になっても医者に頼らず薬も飲まず、自分で治します。その方法としては特別な食事療法、断食、特別なプラーナーヤーマ、アーユルヴェーダのパンチャカルマ（インドでは伝統的な手法で、体の中の汚れを上からも下からも出して浄化する）などがあります。しかし高いレベルのヨーギーは、病気になっても何もせず、ただガンジス河の水を飲み、神を医者としてすべてをゆだねて治します。「ガンジス河の水が薬で、ナーラーヤナ神（Nārāyaṇa）が医者である」というのはヨーギーの有名な実践のひとつです。

『バガヴァッド・ギーター』の第１５章１４節には、「私（神）は体内に入り、生命力の火となり、呼気と吸気に合し、体内に入ってくる４種類の食物を消化する」とあります。神は、お腹の中の消化の火となって存在しているのです。ある僧は、お腹をこわしたときにこの節をマントラとして唱えながら自分のお腹をさすって病気を治したといいますが、もちろんそれは強い信仰心があってのことです。

②スティヤーナ（styāna：無気力）

神について考えることが必要だとわかっていながら、心が落ちつ

かず、それができない場合があります。これも障害のひとつです。原因としては、世俗的な楽しみにふけりすぎ、精液を安定してためられず、それをオージャスという高度なエネルギーに変換できないので瞑想できない、ということがあげられます(第2章ブラフマチャリヤの節を参照)。他におしゃべり、夜ふかし、不規則な生活もオージャスへの変換を妨げる障害です。毎日のスケジュールを決め、それを実行してください。最初は難しくても、イーシュワラプラニダーナを同時におこなうことで、徐々に心のコントロールができ、エネルギーを浪費せずに保存することができるようになります。

③サンシャヤ（saṁśaya：疑念）

疑いも大きな障害です。原因のひとつに、やはりオージャスの蓄えがないことがあります。この状態では聞いたことを信じられません。この障害を取り除くには禁欲、神聖な交わり（ホーリー・カンパニー）が有効です。

④プラマーダ（pramāda：幻惑）

神について聞いても学んでも、それについて集中して考えられません。原因はそれまでさんざん世俗的なことを考え続けてきたからです。この障害を克服するために必要なのは、個人の努力、そして神について、さらに考えることです。

⑤アーラスヤ（ālasya：怠惰）

スティヤーナ（無気力）では、世俗的楽しみに翻弄され、心が動き回るのに対し、アーラスヤでは心がタマス的となり、神に熱中できない状態に陥ります。生活面では活動的でも、霊的実践が怠惰であるならアーラスヤです。いくら仕事ができても瞑想を怠けているならアーラスヤです。霊的実践においては、たまにやる気が出るの

ではなく、いつもやる気があることがとても重要です。

　スワーミー・ブラフマーナンダ（Swāmī Brahmānanda）の言葉に、「瞑想に集中したければ、食事をコントロールしなければならない」という助言があります。食べすぎると眠くなるのはエネルギーを食事の消化に使っているからですが、居眠りしないためには食事のコントロールが重要です。また、聖典勉強や瞑想の習慣がある人の近くにいることもとても良い方法です。その人の影響によって怠惰な性質を改善していくことができるからです。アーラスヤは自分の努力とともに、神の恩寵で減らしていくことができます。

⑥アヴィラティ（avirati：耽溺）

　世俗的な楽しみが大好きな状態です。霊的な話をいくら聞いても世俗的な楽しみへの執着がなくならない、やめた方がいいとわかっているのに自制心が弱くてできない、などの障害です。また神と正反対の不純な行為、たとえば超能力を求めて悪魔を礼拝するなどの行為に夢中になることも、これに含まれます。この状態から脱するためにはイーシュワラプラニダーナの実践が必要です。

⑦ブラーンティダルシャナ（bhrāntidarśana：タマス的知性）

　「神のことを考えたい、霊的実践をしたいが、何をしなければならないかがわからない、何をやめなければならないかがわからない」というのも障害のひとつです。この状態では霊的レベルをどのように上げればよいのかさえわかりません。『バガヴァッド・ギーター』では「タマス的知性」のことを「正しくない信仰を正しいと、また正しい信仰を正しくないと、すべてを反対に取り違えてしまう妄想と無知の暗闇に覆われたような知性」（第１８章３２節）と言っています。

あるとき、霊的な訓練を積んだ僧が、瞑想中に背すじに特殊な感覚を感じ、高徳な僧に助言を求めにやって来ました。ヨーガの実践が進むと背すじにさまざまな感覚を覚えるのですが、この僧は霊的な目覚めという言葉を期待して来たのです。しかし高僧の答えはそっけなく、「血圧に問題があるのでは？　検査してみてください」というものでした。これは肉体的問題を霊性の目覚めと取りちがえた誤解の例です。霊性の目覚めはそれほど簡単に起こるものではありません。

同様に、「神について聞くと自然に涙が流れる」ことについての誤解も多くみられます。もちろん悪いことではありませんが、それだけで霊的なレベルが上がった証明にはならず、また「聖書も読みました。仏典も勉強しました。インドの有名な聖者、哲学者の本をたくさん読みました」という人も、それだけで霊的レベルが高いと思っているならそれは誤解です。問題は、そのような誤解があるとさらなる向上が望めないことです。書物に刺激されて「私はアートマン」と考えるだけで、悟れるものではありません。体への意識が強いまま、「私はアートマン」と考えても目的は達成されないのです。人にはエゴがあり、自分ひとりで決めたいと思いがちです。しかし自分だけで判断すると危険な場合もあります。そのときには、聖典や霊的レベルの高い僧に相談することが肝要です。

⑧アラブダブーミカトヴァ（alabdhabhūmikatva：不達成）

長年霊的な実践をして努力してもそれに見合った状態に達しない、瞑想やジャパを続けていても霊的レベルが上がらない、ということも障害のひとつです。たとえば自分好みのマントラを好き勝手に唱えるなど、本来はグル（霊性の師）から学ばなければならない

ことを自己流で実践している人がいますが、この障害については実践方法に問題がある場合があります。霊的実践において、グルはとても重要です。学問をはじめとしてすべての分野においてガイドは必要なのに、霊的実践の道だけ、ガイドが必要ないと考えるのはおかしな話です。

もうひとつの理由は、実践が浅いことです。長時間ジャパをしても、集中していないのであれば、短時間でも集中してジャパをしたほうがよいのです。ものすごい速さで数多くマントラを唱えても、心がマントラ以外の対象に向いているなら、唱える意味がありません。ジャパをしながら友人のこと、仕事のこと、過去や未来にとらわれていては、結果は得られません。

そしてオージャスの消耗も一因です。ある人がインドの聖者、シュリー・チャイタンニャ（Śrī Caitannya）に「あなたのすぐ近くであなたと接して、あなたの話をたくさん聞いているのに霊的レベルが上がらない人がいます。それはなぜですか？」とたずねました。答えは、オージャスの消耗というものでした。グルから学び、深く集中して実践し、努力することで、神の恩寵を得、アラブダブーミカトヴァ（不達成）が避けられ、霊的レベルが向上します。

⑨アナヴァスティトワ（anavasthitva：堕落）

これはヨーギーにとっての最後の障害です。竹を登ろうとしてある程度までいった猿が、竹の表面の油で滑り落ちてきてしまうように、いったん到達したレベルに踏みとどまれないことです。堕落の原因のひとつが「うぬぼれ」で、それはプライドから生じるエゴです。エゴが増大すると、神中心から自分中心となり、神や真理について考えるべきところを自分について考えてしまいます。また「う

ぬぼれ」のせいで気がゆるみ、自分を抑制することに注意を払わなくなります。イエスや釈迦の伝記には誘惑されるエピソードがありますが、彼らはそれに抵抗して打ち勝ったので、高いレベルのまま安定し、悟りという目的にたどり着きました。私はときどき「ヨーガの実践に、なぜ神が必要なのか」という質問を受けますが、それには「その実践途中にはさまざまな障害がおきます。しかし神の恩寵によってそれを取り除くことができるからです」と答えています。

イーシュワラプラニダーナがヨーガの実践を完璧にします。堕落しても、それを後悔したら、また神に祈り、その恩寵にすがることでふたたび上がっていくことができるのです。

イーシュワラプラニダーナとサマーディ

『ヨーガ・スートラ』第2章45節には「いっさいをイーシュワラに捧げることによってサマーディにいたる」("Samādhisiddhiriśvarapraṇidhānāt")とあります。このことについて、「イーシュワラプラニダーナのみで悟れるなら、ヤマ、ニヤマの他の実践は不要ではないか」という議論がありますが、「いきなりイーシュワラプラニダーナを実践するのは困難である。その準備段階としてヤマ、ニヤマの他の実践が必要なのだ」というのが答えです。つまりイーシュワラプラニダーナはニヤマのうちのひとつの実践ですが、しかし特別な実践なのです。もちろん他の実践も、サマーディにいたるためのものですが、それ単独で、サマーディを得ることはできません。しかしイーシュワラプラニダーナは、その実践だけで、直接サマーディにいたれるのです。集中して完璧にイーシュワラプラニダーナ

を実践できたら、他のどの実践も、アーサナからディヤーナまでの実践さえ不要です。

　とは言っても、今までの説明で、ヤマ、ニヤマを完璧におこなうのがいかに大変かは理解できたことでしょう。ヤマ、ニヤマの実践を一歩一歩進めることがやはり必要なのです。と同時に、神に集中し、神を好きになることによって、今度は神のほうから私たちに近づいてきてくださいます。すると徐々に神以外のものへの興味が失せてゆき、体、心、感覚のコントロールが楽になっていきます。自分の努力だけではサマーディは得られません。ですから真剣に実践し、あとは神の恩寵におまかせします。

イーシュワラプラニダーナの実践

　神に近づくためには、神への愛を養う必要があります。それには、①シュラヴァナ（śravaṇa：神について聞き、神について学ぶ）、②キールタナ（kīrtana：神の賛歌を歌う）、③ジャパ（japa：神のマントラや名前を唱える）、④マナナ（manana：神について考える、思う、瞑想する、祈る）⑤ヴァンダナ（vandana：神を礼拝する）という5つの方法があります。

　また「家族の中に神をみる」「仕事は神の仕事としておこなう」というバクティ・ヨーガ、カルマ・ヨーガの方法も有効です。家事や世俗の仕事をするときには、「すべての仕事は神へのお世話です」「自分の力や才能ではなく、神の力と能力をいただいて仕事をしています」「仕事は神の力を借りて一生懸命におこない、結果には執着せず神におまかせします」「成功しても失敗しても、結果は神に捧げます」という態度でおこなうと、仕事が礼拝になるだけでなく、

ストレスを感じることもなくなり喜びをもって仕事ができます。
　これらすべてがイーシュワラプラニダーナの実践です。

第4章　アーサナ

パタンジャリ・ヨーガにおけるアーサナの意味

　パタンジャリ・ヨーガの重要な実践のひとつがアーサナ（āsana）です。その他のヨーガについて言うなら、バクティ・ヨーガの経典『ナーラダ・バクティ・スートラ』（Nārada Bhakti Sūtra）ではアーサナにはふれていません。ギャーナ・ヨーガでもアーサナへの言及はありません。またアーサナをしていたら仕事ができないので、カルマ・ヨーガでも言いません。ではなぜ他のヨーガでは言及されないアーサナが、パタンジャリ・ヨーガでは重視されるのでしょうか？

　それはそれぞれのヨーガで、強調する点が異なるからです。ギャーナ・ヨーガは「実在への気づき」、バクティ・ヨーガは「神の存在への気づき」、カルマ・ヨーガは「仕事は神への捧げものであるという気づき」、ラージャ・ヨーガでは「心に対する気づき」を強調します。しかし心について言うのなら、どのヨーガでも気づきのために心は重要です。ですがラージャ・ヨーガの特徴は、「方法も対象も目的も心」です。それはすなわち心が落ちつかないかぎり、ラージャ・ヨーガの実践も進むことはないということですが、心が落ちついているには、体も落ちついている必要があります。なぜなら体と心はつながっており、体が活動していると、心も活動してしまうからです。そこで肉体を制御する実践（アーサナ）が重要となり、そこから心の制御に向かいます。これがパタンジャリ・ヨーガにおいて、アーサナが重視される理由です。

現代のヨーガとの違い

　一般的にアーサナは「座法」や「姿勢」と訳されていますが、アーサナにはウパーサナー（upāsanā）という言葉に由来したもっと深い意味があります。ウパとは「神の近くで」、ウパーサナーとは「神の近くで礼拝すること」、その意味をくんだアーサナとは「神の近くに座る」つまり「瞑想のために静かに座ること」を言います。ヨーガ・アーサナをするときに、神の近くに座ると考えながら実践したことはあるでしょうか。現代のヨーガの多くはアーサナを特定のポーズととらえ、座る、立つ、動く、寝る、ひねる、バランスをとるなど、さまざまな姿勢をとって体の訓練をします。

　『ヨーガ・スートラ』でのアーサナは瞑想のための準備です。その後に書かれたハタ・ヨーガの教典『ハタヨーガ・プラディーピカー』（Haṭhayoga Pradīpikā）においても、体の健康という目的は加えられましたが、瞑想の準備という目的は引き継がれています。一方、現代のヨーガのほとんどは体に関することが主です。人は何のために食べるのかの気づきなく、食べるために生きていると病気になりますが、同様に、ヨーガの実践者が何のためにアーサナをするのかの気づきなく、美容と健康のためにだけアーサナをおこなえば問題が生じてくるでしょう。アーサナはもちろん体のためにはよいことですが、体は永遠ではないのです。それを考慮すれば、体の健康よりも重要なのは、死後も続く心の健康です。

　パタンジャリ・ヨーガの重要なポイントは、アシュターンギカ・マールガのすべての段階において、神とつながった状態で実践することです。またそうでなければ、パタンジャリ・ヨーガを実践する意味はありません。アシュターンギカ・マールガのすべての段階はサマー

ディを最終目的としていなければならず、アーサナも例外ではないのです。アーサナ本来の意味や目的はそこまで深いものがあります。

健康目的のアーサナと瞑想目的のアーサナ

姿勢は、①動く範囲が限定されているもの（パソコンの仕事、テレフォンオペレーター、運転手など）、②体を大きく動かすもの（肉体労働やスポーツなど）、③特殊な姿勢（背骨のそり返し、前屈、足の指先だけの動きなど）、④バランスをとる（片足立ちなど）、⑤静止、という5つに分類することができます。これらのうちアーサナとして有効に使えるのは③④⑤です。アーサナは体系的にできていて、体のどの部分をどの方向にどれだけ動かすかなどが厳密に決められています。

アーサナは目的によって、以下の2つに分類されています。

（1）スワースティ・アーサナ（svāsthya-āsana）

健康を目的としたアーサナで、元々、ヨーギーの健康を保持するためにおこなわれていたものです。ヨーギーの目標であるサマーディにたどり着くには何十年という長きに渡る実践が必要なため、彼らは長命と健康な肉体を求めたのです。もちろん現代人もスワースティ・アーサナをおこなえば、強壮な体を得、長命を期待できます。スワースティ・アーサナで吸う息と吐く息に集中して生命エネルギーの動きを感じてみましょう。すると体だけでなく、体以外のレベルを整えることにも役立ちます。

(2) ディヤーナ・アーサナ (dhyāna-āsana)

ディヤーナ・アーサナは瞑想に向かうために心をしずめるアーサナで、その姿勢を保持して長時間瞑想をするためのものです。ヴィヤーサは注釈書に「どのアーサナが瞑想に適切か」を記していますが、その代表がパドマ・アーサナ (Padma-āsana：蓮華座。足をももの上に組んで座った姿勢)、スカ・アーサナ (Sukha-āsana：安楽座。足を組んで楽に座った姿勢) です。

すべてのアーサナはスワースティ・アーサナとして使えます。たとえば短時間のパドマ・アーサナならスワースティ・アーサナ、瞑想できるほど長時間保持すればディヤーナ・アーサナとなります。区別の尺度は時間と目的です。

しかしすべてのアーサナをディヤーナ・アーサナとして使えるわけではありません。ブジャンガ・アーサナ (Bhujanga-āsana：コブラのポーズ) のような窮屈な姿勢を長時間保つのは難しく、したがってブジャンガ・アーサナはディヤーナ・アーサナには使えません。またスーリヤ・ナマスカーラ (Sūrya-namaskāra：太陽礼拝) のように、積極的に動いて姿勢を変えていくアーサナも、ディヤーナ・アーサナには使えません。身体的活動と瞑想を両立するのは難しいからです。またディヤーナ・アーサナとしても使えるものでも、実践者にその姿勢の保持が難しければ、ディヤーナ・アーサナにはなりません。これは、押さえておくべきポイントです。

アーサナでは、体、心、生命エネルギーの各レベルで、留意すべき点があります。体のレベルでは自分の呼吸、腹、頭などの特定部分に集中します。心のレベルではアーサナのことだけに集中して他

のことは考えません。そしてそれらに留意してアーサナをおこなうことで、生命エネルギーの流れを実感できます。この生命エネルギーとは呼吸のことではなく、もっと精妙なプラーナのことです。アーサナの次の段階はプラーナーヤーマなので、アーサナを正しく実践すれば、自然に次の段階へとつながっていき、プラーナーヤーマを正しく実践すれば、次のプラティヤーハーラ、そして瞑想へとつながっていきます。

アーサナの定義「スティラム・スカム・アーサナム」

『ヨーガ・スートラ』第2章46節には"sthiraṁ-sukhaṁ-āsanam"（スティラム・スカム・アーサナム）「座法は安定して快適な状態でなければならない」というアーサナの定義があります。スティラムは「静止した」「不動の」「安定した」、スカムは「楽」「リラックス」で、すなわちアーサナとは「安定した、楽な姿勢」ということです。たとえ頭が下で、足が上にくるシールシャ・アーサナ（Śīrṣa-āsana：頭立ちのポーズ）でも、サルヴァーンガ・アーサナ（Sarvāṅga-āsana：肩立ちのポーズ）でも、「スティラム」と「スカム」がそろえばディヤーナ・アーサナとなります。ただ、瞑想の姿勢を決めるときには「楽に長時間座れる」ことを念頭に置いてください。普通はそうでなければ瞑想はできません。

ところで注釈者のあいだでは、『ヨーガ・スートラ』のアーサナは「ディヤーナ・アーサナのみか、スワースティヤ・アーサナも含まれるのか」という議論があります。ヴィヤーサなど伝統的注釈者は「パタンジャリはディヤーナ・アーサナだけを念頭においている」と言っています。別の意見は「瞑想には健康で柔軟な体が必要であ

る。だからパタンジャリが言うアーサナにもスワースティ・アーサナが含まれている。それを実践すれば寿命が延び、実践のための時間も増えるではないか」というものです。パタンジャリ・ヨーガの目的は体の強壮ではなく、サマーディです。私は『ヨーガ・スートラ』のアーサナは瞑想のためのアーサナだけを指す、と考えています。サマーディを得るには瞑想が必要であり、そのためにヨーギーは6時間、8時間と座ります。

　しかし、体のどんな部分も動かさないでいることは、容易なことではありません。足がしびれて痛くなったり、かゆみを感じたり、身震いが起きることもあります。なぜ体は動いてしまうのでしょうか。それは心が動いているからで、体は心との相互関係で動いてしまうのです。おもしろい本を夢中になって読んでいるとき、あるいは映画館でスクリーンに見入っているときには体はじっとしています。それは心がある一点に集中し、静止しているからです。心が静止すると、体も静止し、心が一点から離れて活動を始めると、体も動き始めます。

　このように、本や映画にひかれて集中することはできても、自分の心が「瞑想の対象に集中せよ」と命令をして一点集中することは、実に困難です。だからパタンジャリは「体からしずめてください、アーサナをしてください」と言うのです。それが心をしずめる入り口だと言っています。

ディヤーナ・アーサナの条件
（1）外的条件
①人里離れたところ

第4章　アーサナ

　日常生活から離れた、静かで、自然豊かで、人目につかない場所が理想です。川の土手（河岸）、森、洞窟（どうくつ）は理想的ですが、動物が出没する可能性のある場所ではそれに注意しなければなりません。あまりにも水に近い場所も好ましくありません。居眠りをして落水する可能性もありますし、干潮や満潮の影響で川の水位が大きく変化するからです。長時間瞑想するヨーギーにとって、場所の選定は重要です。

　シュリー・ラーマクリシュナの直弟子スワーミー・アドブターナンダ（Swāmī Adbhutānanda）がラートゥ（Lāṭu）という名前だった若い頃、ガンジス河の土手に長時間座って深い瞑想状態に入り込んだことがありました。満潮の時間になり、河の水位はどんどん上がってきましたが、瞑想に集中するラトゥはそれに気づきませんでした。水の高さがのどのあたりまできたとき、それを目撃した人が寺院にいるシュリー・ラーマクリシュナに「このままではラトゥが水にのみ込まれてしまいます！」と報告しました。急いで河岸に行ったシュリー・ラーマクリシュナの「ラトゥ！　ラトゥ！」という呼びかけで、ラトゥは瞑想から引き戻され、ことなきを得ました。

　②清潔で清められた神聖な場所

　場所は清潔できれいであることが第一条件です。瞑想者によってでも、他の人によってでもかまいませんが、清められている必要もあります。

　③座布の敷き方、厚さ

　クシャ草の座布を敷いた上に、鹿や虎などの獣皮をかぶせます。この上に座るとあたたかいので、瞑想のときに獣皮を敷くのはインドの伝統でしたが、希少品となった現在ではそれを使用する人はあ

まりいません。そしてその上に、さらにウールやコットンの布を敷きます。下から草、獣皮、布の敷物です。分厚いと心地良くて居眠りしてしまうかもしれないので、座布の高さはほどよく調整します。

④自分専用のものを用意する

体の下に敷く布や瞑想マットは自分専用を用意し、それを使い続けます。注釈者による理由は「他人のものを借りようとするなら、その人に瞑想の自由がなくなるから」というものです。またマットを使っていた人の波動が次の使用者に影響する、という波動（バイブレーション）の問題もあります。これはとても精妙なことですが、事実です。インドでは夫婦間でも瞑想マットの共有はしません。また世俗的な波動をできるかぎり避けるため、布やマットの使用目的を瞑想用に限定するのも重要なポイントです。食事、おしゃべり、テレビをみるときに使う座布団は決して瞑想マットとして使いません。

（2）身体的条件

①安定した、楽で、無理のない姿勢

アーサナの身体的条件としては、「安定（不動、静止）」と「楽」に加えて、「無理のない」（śaithilya：シャイティリヤ）姿勢が求められます。瞑想のためには、長時間、不動の姿勢を安定して保持する必要があるからです。『ヨーガ・スートラ』第2章47節には「落ちつきがないという傾向を減らす、無限なものを瞑想することによって、姿勢は安定し、快適となる」（"Prayatnaśaithilyānantasamāpattibhyām"）とあります。

手足をひろげ、あおむけに横たわるシャヴァ・アーサナ（Śava-āsana：死体のポーズ）は、もし完璧におこなわれれば、体のすべ

ての部分がゆるみ、完全にリラックスします。理想は「体意識がない」ことで、ゆえに「死体のポーズ」と言われているのですが、このアーサナをすることで「体意識をなくしていく訓練」をしているのです。もしシャヴァ・アーサナをして、眠りにおちてしまうことなく本当にそのような状態になったら、そのときから瞑想が始まり、シャヴァ・アーサナはスワースティ・アーサナからディヤーナ・アーサナになります。パタンジャリ・ヨーガの目的は「目覚めた状態で」体意識をなくすことです。しかし実際は目覚めていながら体が完全にリラックスするのは容易ではありません。そこで絶え間ない実践が必要となります。

②背すじをまっすぐにして座る

『バガヴァッド・ギーター』には「体と頭と首を一直線に立て、じっとそのままの姿勢を動かさずに保つ」(第6章13節)とあります。霊的実践をするには、生命エネルギーが下から上へスムーズに流れる必要があるのですが、猫背や首が倒れていると、エネルギーが滞ってうまく流れません。するとプラーナーヤーマの準備にも影響します。それに背すじをまっすぐにすると、より集中できるというメリットもあります。オーケストラを観察してみてください。演奏に集中している彼らは皆この**姿勢**をとっています。日常生活でもできるだけ**姿勢**を意識して過ごすとよいでしょう。トゥリーヤーナンダジーの座る姿を写真で見ると、彼は病気のときにもこの**姿勢**を崩さなかったのではないか、と想像するほどです。それほど彼が座る姿勢には強い感銘を受けます。

③今までの座り方を捨てる

『ヨーガ・スートラ』のアーサナの説明については、「今までの座

り方を捨てる」という解釈もあります［1］。座り方にはそれぞれ癖があり、その人にとっては自然でも、その座り方が瞑想にふさわしくない場合もあります。そのときには身についた座り方を捨て、正しいディヤーナ・アーサナで瞑想する必要があります。

［1］これは『ヨーガ・スートラ』第2章47節の前半"prayatnaśaithilya"についての別の観点からの解釈である。

（3）心の条件
①欲望、所有感覚を捨てる

『バガヴァット・ギーター』によると、「欲望を捨て」「所有感覚を捨て」とあります（第6章10節）。この「所有感覚を捨てる」とは、十分あるのでこれ以上いらないという意味ではなく、「ものを持っているという考え自体がない」という意味です。

②心と感覚をコントロールする

瞑想を始めるときにはある程度、心が落ちついた状態でなければなりません。怒り、憎しみ、過剰な愛着は心を落ちつかなくさせるので、心と感覚のコントロールが必要です。ディヤーナ・アーサナの最初の目的は体のコントロール、次が心と感覚のコントロールです。

③考える対象を「無限」「不動」のシンボルにする

『ヨーガ・スートラ』には「無限について集中して考えなさい」［1］という記述があります。しかし「無限」と言われても想像がつかない場合、無限を象徴するシンボルを使ってそれに集中します。

理想的な例は「大空」です。足の痛みなど、体に向きがちな意識

を大空に移して「自分が大空とひとつになった」と考えてみましょう。もしくは何もない広い空間を思い浮かべ、体も、名前も、女性も、男性も忘れて「自分はただ空である」と想像してみましょう。意識を移動することで体意識が減っていけば、やがて体は静止し、長時間座れます。あるいは「不動」のシンボルとして、大地の上に確固としてある「山」をイメージし、山とひとつと考えれば、体は不動になるでしょう。無限のイメージは空、不動のイメージは山、というように想像力を使ってください。瞑想においてはイマジネーション（想像や視覚化）がとても重要で、それをうまく利用することが霊的実践のカギとなります。

　ところで、日常生活における想像と、霊的実践における想像とはまったく異なるものだということはよく理解しておいてください。日常では非実在（一時的・有限・世俗的なもの）について、霊的実践では実在（永遠・無限・真理）について想像します。非実在をどんなに想像しても、それは真実にはなりません。実在について想像することによってのみ、サマーディに達し、解脱することができます。

　④ハートに神や聖者をイメージする

　体を忘れなければ、瞑想はできません。しかし体意識をなくすことは難しく、体が最初の障害です。それに対するヒンドゥ教の伝統的な助言は「自分のハート（用語解説を参照）に神が座っていると考えて、その神に集中して瞑想しなさい」というものです。ハートにイメージするのは自分が信仰する聖者の姿であってもかまいません。ときどき「ハートというと、肋骨、肺、心臓などのことが頭に浮かんでしまいます」と質問する人がいますが、瞑想が進むと、そ

のような疑問はなくなります。

　［１］これは『ヨーガ・スートラ』第２章４７節の後半"anantasamāpattibhyām"（無限について集中して考える）についての解釈である。

アーサナを保持し続ける

　アーサナの最初の段階では体に痛みや不快さを感じるでしょう。すると瞑想を打ち切りたくなるものですが、必要最小限の範囲で脚を組み替えるなどして、あきらめずに続けてください。やがて姿勢に慣れて、楽に続けられるようになります。そして続ければ、かならず体はしずまって、心は神や真理に集中できるようになります。

　また瞑想をしていて、つい仕事やスケジュールのことを考えてしまっても、気にせずに瞑想の対象に集中しなおして瞑想を続けてください。続ければやがて瞑想の対象に集中できるようになります。

　注釈者は、「ディヤーナ・アーサナで瞑想する以外の時間も瞑想に集中できるよう努めること。神や真理について考えること」という助言を付け加えています。イニシエイション（入門儀式）のとき、グルは弟子に向かって「これから授けるマントラを１０８回唱えれば十分である」と言いますが、あくまでもそれは入り口です。１０８回唱えるだけで、心を静かに保つことはできません。助言の真意は「１日のうち２０分だけ瞑想のために座り、残りの２３時間４０分は瞑想とかけ離れた生活をしているようでは瞑想は深まらない」ということです。仕事のときでも、勉強のときでも、意識して瞑想と同じ心身の状態を保つよう、チャレンジし続けてください。

ディヤーナ・アーサナの結果

　ディヤーナ・アーサナの結果は、『ヨーガ・スートラ』第2章48節に"Tato dvandvānabhighātaḥ"（2つの対立する状態のどちらにも影響されなくなる）とあります。この「2つの対立する状態」とは、寒い・暑い、空腹・満腹などの相反する2つの外的環境のことで、それが体にとっての快・不快に影響しますが、パタンジャリは「瞑想が深まると、そのどちらにも影響されなくなる」と言っています。

　浅い瞑想状態では体意識が強くあります。よって寒いと体はふるえ、暑いと息苦しくなります。しかし「私は空、私は山」と想像して「私の存在はない」とまでイメージできたら、体意識はなくなり、結果的に2つの対立状態には影響されません。その状態から自由になり、さらに長く、さらに集中して瞑想することができるようになります。

　ところで長時間瞑想していると、空腹やのどの渇きを覚える場合があります。それは意識の浅いレベルでは体意識が薄れていても、潜在意識ではまだ根強く残っている証拠です。トイレに行きたくなるのも同じことです。シュリー・ラーマクリシュナの直弟子たちは、ときには10時間以上も瞑想することがありました。当時彼らの世話係はスワーミー・ラーマクリシュナーナンダ（Swāmī Rāmakṛṣṇānanda）でしたが、彼が食事を用意しても、瞑想に没頭して誰一人として食事に現れないこともありました。それほど体意識を忘れて瞑想に没入していたのです。健康を心配したラーマクリシュナーナンダジーは彼らをむりやり瞑想から引きもどし、食事をとらせていました。およそ2000年前の『ヨーガ・スートラ』に

は瞑想についての理論が書かれていますが、この実例は１９世紀後半の話です。

第5章　プラーナーヤーマ

プラーナーヤーマの意味

　アーサナには健康と瞑想のためという2つのアーサナがありました。プラーナーヤーマにも健康と霊的実践という2つの目的があります。しかしながら、プラーナーヤーマの本来の考えにはとても深いものがあり、それは単純な息のコントロールではありません。まずはその点から理解していきましょう。

　プラーナーヤーマ（prāṇāyāma）は「プラーナ」（prāṇa）と「アー・ヤマ」（ā-yama）が合わさった言葉で、「生命エネルギーのコントロール」という意味です。プラーナ自体は精妙なので見えませんが、肉体上の肺の動きとなって、表れています。西洋医学では肺は呼吸によって動くと考えられていますが、ヨーガ哲学では「プラーナの力によって肺が動き、その結果、呼吸がおこなわれる」と考えています。したがってプラーナの影響がなくなれば、肺は動かず、呼吸も停止します。

　プラーナは体と心の中を流れて私たちに影響を及ぼしています。そこでヨーガ哲学では「プラーナをコントロールすれば、プラーナの影響を受けている心身と、心身のさまざまなシステムをコントロールできる」と考えました。それがプラーナーヤーマです。プラーナーヤーマは体と心にとても有益ですが、ヨーギーが求めるものは健康ではありません。ヨーギーがおこなうプラーナーヤーマでは、真理について集中して考えることが絶対に必要です。

プラーナーヤーマの目的

　インド哲学の考えでは、宇宙はアーカーシャ（ākāśa：物質的なもの）［1］とプラーナ（生命エネルギー）が接触して影響しあった結果、創造されたとしています。宇宙がアーカーシャとプラーナでできているのと同様に、私たちもアーカーシャとプラーナの相互作用で体がつくられ、生き、活動しています。目で見る、耳で聞く、足で歩くことも、アーカーシャがあるだけでは不可能です。電車は電気というエネルギーがなければ動かないように、私たちも生命エネルギーがなければ動きませんし、生きることはできません。実際、肉体の死とは、体からプラーナが出ていくことです。

　プラーナは活動のため、生存のための大原因です。そのプラーナが停滞すると、体があっても動けない、感覚があっても感じられない、心があっても考えられないという状態になります。釜に米と水があっても火というエネルギーがうまく作用しなければ生煮えになるのと同じで、エネルギーがあってもうまくコントロールされなければ、エネルギーは無駄に浪費されるのです。しかしコントロールできれば、プラーナを自分の考えで、自由に使うことができます。パタンジャリ・ヨーガにおけるプラーナーヤーマの目的は、プラーナをコントロールして集中して瞑想すること、霊的に眠っているエネルギーを目覚めさせることです。［2］

［1］アーカーシャ（空）はすべての物質の源。5要素の源。非常に精妙な物質であり、英語では ether（エーテル）と言うが、その言葉でアーカーシャの概念をすべて説明することはできない。5要素とはアーカーシャ（空）、風、火、水、土。詳細は用語解説の「5つの要素」を参照。

[２] プラーナは５要素のラジャス的性質からつくられている。ラジャスの特徴は活動性なので、プラーナは活動に関係した性質を持つ。詳細は用語解説の「３つのグナ」「宇宙の創造」を参照。

プラーナーヤーマの効果
（１）体への効果

多くのヨーガ教室では、肉体のコントロールを目的としてプラーナーヤーマをしています。しかしヨーギーたちは、心と霊的目的のためにプラーナーヤーマをおこない、体には病気の治癒のために用います。彼らはプラーナの流れが滞ることで病気が症状となってあらわれると考え、体のどの部分で滞っているかを見極めて、弱っている部分にプラーナーヤーマでエネルギーを送ったり、断食などによりプラーナをコントロールすることで治そうとします。実際、洞窟で瞑想するヨーギーの近くに医者はいません。

またプラーナーヤーマは肉体保持という点でも有効です。熟達したヨーギーは２００歳になっても顔や肉体を若く維持できると言われています。『バガヴァッド・ギーター』には「（人が死ぬとき）魂は、古い肉体を脱ぎ去り、新しい肉体に入る」（第２章２２節）とありますが、プラーナーヤーマで体の構成分子を入れ替えることができるヨーギーなら、体を常につくりかえていることになるので、新たな体を得るための生まれ変わりは不要となります。霊的実践に励む時間が増すという理由で、ヨーギーにとって長命は重要です。

もうひとつの目的は「規則的で深い呼吸」です。現代人はひと呼吸にかける時間が短く、肺全体を使っていないため、体が酸素不足に陥っています。また息の流れがときには左の鼻孔、ときには右の鼻孔、

ときには両方というように一定ではなく不規則です。それを呼吸法の訓練によって、むらのない、深い呼吸に改善することで、心身が健やかになり、結果的に生活の質が向上します。プラーナーヤーマは長寿（long living）と良質な生活（happy living）をもたらします。

（2）心への効果

体を静かにする実践がアーサナで、心を静かにする実践がプラーナーヤーマです。体と心の中間にあって、それを結びつけているのが呼吸ですが、自分の呼吸を注意深く観察してきたヨーギーは、呼吸と心が同調することに気づいていました。そして左右の鼻孔を息が均等に流れるときが、もっとも心身が安定していると知ったヨーギーは、それが起こるやいなや、すべての仕事をやめて、瞑想のために座ります。瞑想にもっとも適した状態がおとずれたからです。

（3）霊性への効果

プラーナーヤーマには、単純に呼吸に集中するものと、瞑想と組み合わせて実践するものとがあります。瞑想とは真理について考えることです。瞑想と組み合わせるプラーナーヤーマでも、当然真理について考えることが必須となります。ヨーギーは、息を長く止めるときに神や真理を想像し、それに集中します。

5つのヴァーユ（5種類のプラーナ）

5要素のラジャス的な性質（活動性）をすべて合わせたものがプラーナです。体の各所はプラーナが動くことで、正常に働き、役割を果たします。

第5章　プラーナーヤーマ

　次の表は、プラーナが働く場所、方向、機能によって5つに分類したもので、体はこの5種類のプラーナ（5つのヴァーユ）によって機能しています。

　これはシャンカラーチャーリヤ、マドゥスーダナ・サラスワティー、シュリーダラ・スワーミー（Śrīdhara Swāmī）、サダーナンダ・ヨーギーンドラ（Sadānanda Yogīndra）という4人の偉大な注釈者の意見を引いてまとめたものですが、問題は彼らの意見が必ずしも一致しておらず、場合によっては正反対のことを言っている点です。その折り合いをどうつければよいかはわからないので、ここでは彼らの意見を紹介するにとどめておくこととします。ところで5つのヴァーユの中に、広義のプラーナと同じ名称のものがあるので、混同しないようにしてください。

（表）　5つのヴァーユ

名称	働く場所	働く方向	機能
プラーナ・ヴァーユ	①鼻孔の前 ②ハート	①上向き ②前方 ③内向き	呼吸
アパーナ・ヴァーユ	肛門、排泄器官	①下向き ②外向き	排泄、生殖
ヴィヤーナ・ヴァーユ	体のどこにでも遍在	どこにでも動く	力仕事、肉体労働
ウダーナ・ヴァーユ	のど	①上向き ②外向き	肉体が死ぬとき霊が外に出る働きをする
サマーナ・ヴァーユ	体の中	—	消化吸収、血液と精液の精製、残滓（ざんし）の排泄

①プラーナ・ヴァーユ（prāṇa vāyu）

呼吸を司（つかさど）ります。場所は鼻の穴の前とハートという2つの意見があります。ハートとは胸の中心にある霊的なハートのことで、肉体的な心臓のことではありません。働く方向は上向き、前向き、内向きに働くという3つの説がありますが、下には向かいません。

②アパーナ・ヴァーユ（apāna vāyu）

排泄（はいせつ）を司り、下向きと外向きという2つの説があります。排便時に息を止めておなかに力を入れ肛門に圧をかけますが、それはアパーナ・ヴァーユによっておこなわれます。

③ヴィヤーナ・ヴァーユ（vyāna vāyu）

体中に遍在（へんざい）し、全身をめぐり、力仕事などで機能を発揮します。

④ウダーナ・ヴァーユ（udāna vāyu）

のどに存在し、上向きか外向きに働きます。人が死ぬとき、ウダーナの働きによって、霊（魂と精妙体と原因体とカルマ）が体の外に出ます。ヨーギーの場合は頭頂から、普通の人は目や口から出ていきます。

⑤サマーナ・ヴァーユ（samāna vāyu）

サマーナ・ヴァーユの場所は「体の中」としか書かれておらず、方向の言及もありません。サマーナの働きは食べ物・飲み物を消化吸収し、エネルギーと血液・精液に変換して、アパーナの助けを借りて大小便として排泄することです。アパーナも排泄の働きをしますが、サマーナの特徴は血液と精液をつくったあとの残りかす（残滓（ざんし））をまとめて排出することです。

注釈者の意見は、呼吸とヴァーユの関係の説明においても異なっ

ています。シャンカラーチャーリヤの意見は、「息を吸うときアパーナ・ヴァーユが鼻と口から入り、息を吐くときプラーナ・ヴァーユが出ていく」、シュリーダラ・スワーミーの意見はまったく逆で、「息を吸うときプラーナ・ヴァーユが入り、息を吐くときアパーナ・ヴァーユが出る」というもので、こちらのほうが一般的な見解です。マドゥスーダナ・サラスワティーは、シャンカラーチャーリヤとほぼ同じ意見をより詳細な注釈で残していますが、「(シャンカラーチャーリヤの意見と)逆に考えるのもまちがってはいない」という注釈を加えています。シャンカラーチャーリヤの意見は少数派であっても、彼は特別な聖者ですから、多数派だから正しく、少数派だからまちがっていると断言はできません。私の考えではシャンカラーチャーリヤの意見も重要です。

　以上の分類とは別に、ナーガ（nāga：げっぷ、嘔吐）、クールマ（kūrma：まばたき）、クリカラ（kṛkara：空腹感）、デーヴァダッタ（devadatta：あくび）、ダナンジャヤ（dhananjaya：体を養い維持する）という分類もあります。

プラーナーヤーマの実践——プーラカ、レーチャカ、クンバカ

　プラーナーヤーマには3つのプロセスがあります。プーラカ（pūraka：肺にプラーナを入れる。息を吸う）、クンバカ（kumbhaka：肺にプラーナをためる。息を止める）、レーチャカ（recaka：肺からプラーナを出す。息を吐く）です。初心者はプーラカとレーチャカから始めます。

　クンバカにはアンタル・クンバカ（antar kumbhaka：息を吸い込んで呼吸を止める）とバヒ・クンバカ（bahir kumbhaka：息を

吐き出して呼吸を止める）があります。また呼吸の途中で突然止息するクンバカ、瞑想が深まると自然に起こるクンバカもあります。

シュリー・ラーマクリシュナは「もしバクティ（神への愛）が本当に深まったら、特別な呼吸法をしなくても、その人の呼吸は自然とクンバカと同じ状態になっている」と言いました。これは「プラーナーヤーマは、霊的実践として本当に必要なのか？」という質問への答えで、真意は「神への愛が本当に深まれば、他の実践は何もいりません」ということです。そうなれば自然に呼吸は整って、プラーナーヤーマを実践した結果と同じ結果が得られるのです。第3章6節の「イーシュワラプラニダーナとサマーディ」の項でも触れましたが、「イーシュワラに集中して瞑想することでサマーディにいたる」（『ヨーガ・スートラ』第2章45節）ことと同じです。この節は『ヨーガ・スートラ』の中でもとくに重要です。

プラーナーヤーマの注意点と理想的条件

（1）注意点

呼吸法は先生について学んでください。本などで学んだ自己流の実践をしないでください。以下の点を守らずに長いクンバカをすると、頭に圧力がかかり、頭蓋や脳に危険がおよんだり、気がふれることもあります。

・適切な指導者について学び実習する。
・生活を規則正しくコントロールする。
・食事［量、質、タイミングなど］をコントロールする。
・できるだけ大都市の波動から離れた所でおこなう。

- 静かで清らかな場所でおこなう。
- 風邪をひかないなど健康面にも注意する。

また決して先を急いで複雑な呼吸法をおこなったり、まちがった呼吸法を長時間あるいは長期間しないでください。体に非常に有害です。プラーナーヤーマの実践はゆっくりと着実な段階を踏むべきです。ヨーギーたちは高度な訓練に耐えうるよう、毎日の生活をコントロールし、節制しています。彼らは規則正しく生活し、食事を制限し、体を浄化し、体だけでなく心も静かに保つように厳しい訓練を続けています。

（2）理想的条件

プラーナーヤーマの理想的な時間は早朝の食事前です。空気の質は、朝から時間がたつほど低下するので、夜の実践は好ましくありません。また風が流れるように、できるだけ窓を開けておこないます。冬は寒いので窓を閉めたくなりますが、ヨーギーが住む洞窟に窓はありません。ヨーギーは環境の変化に関係なく、毎日実践を続けます。

食事をしたら、3～4時間あけてから実践します。座るときの姿勢は、背もたれに寄りかかることなく、胸と首と頭の3つの部位を一直線に保って座ります。手は脚かひざの上に置きます。目を閉じて、まずは意識を呼吸に集中します。

プラーナーヤーマの実践
（1）リズミカルな呼吸法

呼吸に集中するプラーナーヤーマを3つ紹介します。これらは健康にも良く、心をしずめる効果もあります。

プラーナーヤーマの実践は、まずリズミカルな呼吸法から始めましょう。肺の全体を使って呼吸しますが、意識を向ける点は「強弱のない、なめらかで一定な呼吸」です。吸い始めが強くなったり吐き終わりが弱まらないように注意します。

まず「4秒間で息を吸い、4秒間で息を吐く」リズムから始めましょう。それを、4セット、6セットと増やしていき、数分間楽にできるようになったら、6秒のリズム、8秒のリズムとのばしていきます。一般的な実践の場合、8秒までで十分です。この呼吸法により全身が調和して元気になります。

（2）ナーリィー・シュッディ（nāḍī-śuddhi）[1]

リズミカルな呼吸法を十分におこなったら、ナーリィー・シュッディに進みます。これをとばしていきなりクンバカの実践をするのは絶対にやめましょう。意識を置く点はリズミカルな呼吸法と同じく「強弱のないなめらかな呼吸」です。呼吸のリズムもやはり4秒から始めて、6秒、そして最大の8秒までのばします。どのプラーナーヤーマも心身の健康に良い影響をあたえますが、特にナーリィー・シュッディはストレス解消、心身の調和、落ちつきなど、その効果は多大です。朝起きたらぜひこの呼吸法を5分間おこなってください。

＜実践のしかた＞
①右親指で右の鼻孔をふさぎ、左の鼻孔から[4秒かけて一定に]吸う。

②右薬指で左の鼻孔をふさぎ、右の鼻孔から［4秒かけて一定に］吐く。
③左の鼻孔をふさいだまま、右の鼻孔から［4秒かけて一定に］吸う。
④右の鼻孔をふさぎ、左の鼻孔から［4秒かけて一定に］吐く。
（以上で1セットです）

[1] サンスクリット語のḍは日本語にはない特別な発音である。ここでは原音にもっとも忠実と思われる「リィ」と表記した。同様に、後述するiḍā は「イラー」と表記した。

（3）クンバカを取り入れた呼吸法

ナーリィー・シュッディを楽に一定時間できるようになったら、それにクンバカを加えた、少し高度なプラーナーヤーマに進みます。これによって心身がさらにしずまり、瞑想を始める準備ができます。瞑想の前に、ここで紹介したようなシンプルなプラーナーヤーマをすることは、霊性の教師たちも勧めていることです。

以下はクンバカを取り入れた呼吸法の中で、もっとも実践に適したものです。繰り返しますが、クンバカを実践する場合は、経験を積んだ適切な指導者について実践してください。また肺に問題がある人、疾患がある人はおこなわないでください。

＜実践のしかた＞
①右親指で右の鼻孔をふさぎ、左の鼻孔から［4秒かけて一定に］吸う。
②両鼻孔を右薬指と右親指でふさぎ、［16秒間］息を止める。
③右の鼻孔だけあけて、［8秒かけて一定に］吐く。
④右の鼻孔から［4秒かけて一定に］吸う。

⑤両鼻孔をふさぎ、[16秒間]息を止める。
⑥左の鼻孔だけあけて、[8秒かけて一定に]吐く。
(以上で1セットです)

　ヨーギーが霊的実践としておこなう場合は[16秒プーラカ→64秒クンバカ→32秒レーチャカ]と時間をのばしていきますが、これは非常に難度の高いプラーナーヤーマです。16秒間止められるからといって、決して自分の判断で実践を進めないでください。普通の求道者がそこまでする必要はまったくなく、かえって危険です。

霊的実践としてのプラーナーヤーマ
（1）クンバカの目的

　これはある有名なヨーギーの、プラーナーヤーマについての助言です。「最初の段階では、プーラカとレーチャカに合わせて心の中でマントラを唱え、同時に神について考えなさい。それができるようになってから、クンバカとともに、心の中でマントラを唱え、神について考えなさい。プーラカとレーチャカでマントラを唱える実践をせずに、いきなりクンバカで神に集中しようとしても無理というものです」

　クンバカをする目的は、集中して瞑想の対象について考えることで、それができないならクンバカは無意味です。集中する適切な対象なしに、長期間のクンバカをすると、場合によっては頭をおかしくします。

　ヨーギーはクンバカをしながら真理に集中します。真理の他には、みずからの瞑想の助けとなるようなクンダリニーやチャクラ（後

述)、自分が選んだ神の姿、聖者、花、光、自分の魂などです。ヨーギーが好むのはハートに薄紅色の光をイメージすることです。瞑想しながらおこなうプラーナーヤーマは霊的な波動を深めます。

なぜクンバカは、霊的実践のために必要なのでしょうか。ここで話している「瞑想」は、世俗の事柄から心を引きもどして神や瞑想の対象について考えるというレベルのものではなく、さらに集中した瞑想です。そしてその瞑想のレベルでは、呼吸によるわずかな体の揺れも瞑想の妨げとなるのです。ヨーギーの霊的実践は、体も心も不動となったときから始まります。アシュターンギカ・マールガのプラーナーヤーマまでの実践によって心身の十分な落ちつきを得ると、次のプラティヤーハーラ以降の霊的実践が楽に進みます。

ところで『ヨーガ・スートラ』にはクンダリニー（kuṇḍalinī）やチャクラ（cakra）の記述はありません。のちの時代のハタ・ヨーガにおいて、クンダリニーやチャクラのイメージを利用したプラーナーヤーマの実践体系が確立され、それが一般にも用いられて現代に伝わっているのです。

（2）マントラと瞑想を組み合わせておこなうプラーナーヤーマ

クンバカを使わずにおこなう、霊的実践としてのプラーナーヤーマを紹介します。リズミカルな呼吸法やナーリィー・シュッディをするときに、マントラを唱える方法です。これは誰でも実践が可能です。

マントラは心の中で唱えます。代表例は、呼吸に合わせてオームを唱えるプラーナーヤーマです。「1、2、3、4……」と秒数をカウントするかわりに「オーム」と唱えます。ヴィヴェーカーナン

ダは、「オームが呼吸とともに、リズミカルに吸って吐かれるようにイメージしなさい。すると全身がリズミカルになるのに気づくでしょう。するとそのとき『休息とは何か』を知るでしょう。それに比べたら睡眠など休息ではありません。この休息が得られると、この上なく疲れた神経もしずめられるでしょう」と言っています。［1］

「オーム」はたいへん神聖な言葉であり音なので、それを何回も唱えると、その影響で心・体・感覚は静かに、清らかになり、神聖になるという結果を得ます。ヴィヴェーカーナンダはつづけて、「この実践の効果は、まず表情の変化としてあらわれます。心がしずまるので顔に静けさがあらわれ、荒々しいしわが消えるのです。つぎに美しい声がきます。私はガサガサした声のヨーギーを見たことがありません。このようなしるしは、数か月の実践ののちにやってきます」と言っています。［2］

またプーラカとともに"Saḥ aham"（サ　アハム：ブラフマンは私である）、レーチャカとともに"Aham saḥ"（アハム　サ：私はブラフマンである）と唱えながら、その対象（この場合はブラフマン）を想像し、瞑想する実践も良いでしょう。この「ブラフマンは私。私はブラフマンです」というマントラは、ギャーナ・ヨーガの実践者だけが唱えると思われがちですが、マントラの真意は「個人的なアートマンと偉大な存在は同じである」ということなので、ラージャ・ヨーガのヨーギーもこのマントラを唱えます。

　　［1］『ラージャ・ヨーガ』７２頁（日本ヴェーダーンタ協会）２０１６年。
　　［2］同。

第5章 プラーナーヤーマ

3つのナーリィー（ピンガラー、イラー、スシュムナー）とチャクラ

7つのチャクラ

"Meditation, Mind and Patanjali's Yoga" (Swami Bhaskarananda)
Viveka Press, 2001年より転載

　霊的実践としてプラーナーヤーマをおこなうときはナーリィー、チャクラ、クンダリニーについてイメージします。図を参照すると、脊柱に沿って3本の経路があるのがわかるでしょう。脊柱には3つのナーリィー（nāḍī）が通っており、体の右側がピンガラー（pingalā）、左側がイラー（iḍā）、中央がスシュムナー（suṣumnā）です。イラーとピンガラーは途中で交差しています。活動が活発な

とき、プラーナはピンガラーを流れ、休息のとき、イラーを流れます。スシュムナーにはチャクラというエネルギーの中枢があります。これらはすべて、肉眼で見えるものではありません。

　普通の人は、ピンガラーとイラーは開いていますが、スシュムナーは閉じています。それは霊的実践によって開けることができますが、霊的実践をしない限りは閉じており、世俗的な人は死ぬまでずっとスシュムナーが閉じたままです。多くの人がそのことを知らず、スシュムナー・ナーリィーがあるのに使えていないということは、大変にもったいないことです。

　ヨーギーはクンバカを利用してスシュムナーを開けようと努力します。スシュムナーが開かなければ、ヨーギーの霊的生活は始まらないからです。「どうやってスシュムナーを開くのか」はすべての求道者にとっての課題です。この本ではラージャ・ヨーガのヨーギーたちの方法を紹介していますが、バクティ・ヨーガ、ギャーナ・ヨーガ、カルマ・ヨーガによってもスシュムナーを開けることができます。

クラ・クンダリニー

　霊的な力であるシャクティ（śakti：根本的なエネルギー）は、脊柱の一番下でコイル状の輪になって存在しています。この霊的エネルギーはすべての人に備わっており、たとえどんな極悪人でもこのエネルギーを持っていることに変わりはありません。ヴェーダーンタ哲学では悪人にもアートマンはあると考え、キリスト教も「神の王国は我々の内にある」と言っています。すべての人に霊的エネルギーはあり、問題はその霊的な力が目覚めているか、目覚めていな

いか、目覚めていてもどの程度なのか、ということです。

　ヨーギーはその力を「とぐろを巻いた胴体の中に、下向きにした頭を入れて寝ているヘビ」とイメージし、クラ・クンダリニー（kula kuṇḍalinī）と呼んでいます。「寝ている」とは「活動していない」という意味です。プラーナーヤーマでクラ・クンダリニーを目覚めさせることができたら、霊的実践の大きな進歩となります。

　ヨーギーは、クンバカをしてためたプラーナを使い、「眠っているヘビ」に刺激をあたえて（叩いて）それを起こし、ムーラーダーラの閉まっている扉を押し開けようとします。そして目覚めたヘビを、ムーラーダーラから、スワーディシュターナ、マニプラ……と次のチャクラまで引き上げるイメージを持ちます。霊的実践ではイメージ力が重要なカギです。

　実際に蓮の花のチャクラが存在しているかどうかは別問題として、チャクラを蓮の花とイメージすることも同様です。クンダリニーがチャクラを通過しないうちは、花はつぼみのまま下を向いています。しかしクンダリニーが到達すると、花のつぼみが上向きとなり、開花するのです。ラージャ・ヨーガでは、頭頂のサハスラーラはシヴァの場所（このシヴァはシヴァ神ではなく、ブラフマンという意味です）だと考えられています。シャクティを上昇させ、頭頂のシヴァと合一させることがラージャ・ヨーガの目的ですが、それは自然にはできず、そのためプラーナーヤーマの実践が必要なのです。

チャクラ

　前掲の図を見ると、スシュムナーの最上部にはサハスラーラとい

うチャクラがあります。クンダリニーが目覚めると、それはスシュムナー最下部にあたるムーラーダーラから、段階を追って順に、スワーディシュターナ、マニプラ、アナーハタ、ヴィシュッダ、アッギャーと各チャクラを通過し、サハスラーラまで上昇します。クラ・クンダリニーがサハスラーラまで到達したときがヨーギーの理想、サマーディです。

次の表は、ヨーギーたちのイメージを表現したものですが、それぞれのチャクラが具体的にどういうものかを理解するのは容易ではありません。

チャクラによって、花の色や、花弁の数は異なります。クンダリニーが上昇してもたらされる経験も、チャクラによって異なります。

(表) 7つのチャクラ

名前	色	蓮の花弁の数	場所
ムーラーダーラ	赤	4	肛門と生殖器の間
スワーディシュターナ	朱色	6	生殖器
マニプラ	黒	10	へそ
アナーハタ	鮮やかな赤	12	ハート（胸の中央にある。肉体的な心臓ではない）
ヴィシュッダ	くすんだ紫	16	のど
アッギャー	白	2	眉間
サハスラーラ	白、光のよう	1000（完全、完璧を象徴した数）	頭頂

第5章　プラーナーヤーマ

（1）ムーラーダーラ・チャクラ（mūlādhāra cakra）

ムーラ（mūla）は源という意味です。チャクラは目に見えるものではありませんが、それを体の場所で示すとすると、ムーラーダーラの場所は脊柱の一番下の、肛門と生殖器の間です。そしてこの場所で霊的なエネルギーとして眠っているのが、クンダリニーです。ムーラーダーラ・チャクラに集中するときにはその場所に蓮の花をイメージしましょう。霊的実践が進むと、クンダリニーはムーラーダーラからスワーディシュターナに上昇します。

（2）スワーディシュターナ・チャクラ（svādhiṣṭhāna cakra）

スワーディシュターナ・チャクラの場所は生殖器です。花の色の表現は難しいのですが、インドで結婚した婦人がその証(あかし)として額につけている色（赤とピンクを混ぜたような色）に近いです。

（3）マニプラ・チャクラ（maṇipura cakra）

マニプラ・チャクラの場所はへそです。心の状態とチャクラには関係があります。一般的な人の心は、ムーラーダーラ、スワーディシュターナ、マニプラという3つのチャクラの範囲内で動いています。排泄器官、生殖器官、へそを司るそれらのチャクラは、排泄、生殖、食事の消化吸収という動物的な仕事と関係していますが、一般的な人の心が考える対象がそれらであることと相関しています。このエリアを突破して、クンダリニーをさらに上昇させるのが、霊的求道者が取り組む最初の課題です。

（4）アナーハタ・チャクラ（anāhata cakra）

アナーハタ・チャクラの場所はハートで、ここが霊的な人と世俗的な人の境目(さかいめ)です。マニプラからアナーハタに上がるには厳しい霊的実践が必要で、アナーハタからヨーギーのヨーガが本当に始まります。

心がアナーハタまで上がると「自分の魂（個人的なアートマン）が見える」と言い、それをヨーギーはロウソクの炎のようなヴィジョンで見ます。シュリー・ラーマクリシュナはこのように語っています。「心が第４の段階、ヨーガでアナーハタと呼ばれているチャクラまで昇ると、それは個々の魂をひとつの炎として見る。そのうえそれは光を見る。そのとき求道者は、『ああ！ これは何だ？ ああ！ これは何だ？』と言うのである」［１］

ただし、このようなヴィジョンを見ることができても、ふたたび下におちる可能性があります。神のことが大好きで神の話ばかりしていた人が、突然その他の喜びのことについて考え始めたり、瞑想やジャパによって心の状態が高まってもまた低くなるということなどですが、これは求道者が経験している大きな問題です。

ヨーギーにとっては、クンダリニーが上のチャクラから下のチャクラに下降することは堕落です。霊的な状態から世俗的な状態に戻ってしまうのは、前世から引き継いだ世俗的なサムスカーラが、心を下に引き下ろそうとするからで、これには細心の注意を払わなければなりません。いったん堕落したあと上昇するには、ふたたび霊的実践を繰り返さなければなりません。

［１］『ラーマクリシュナの福音』１９７頁（日本ヴェーダーンタ協会）２０１４年。

（5）ヴィシュッダ・チャクラ（viśuddha cakra）

クンダリニーがヴィシュッダ・チャクラまで上がると、炎のようなヴィジョンに加えて、神以外のものに対する興味を失います。アナーハタでは炎のヴィジョンが見えても、世俗的なものを完全に拒絶しているわけではなく「神も好き、世俗的なものも好き」という状態です。それがヴィシュッダでは、世俗的なものから離れて「神や真理のことだけを考えたい、聞きたい、話したい」と感じ、霊的なものだけに触れていたい、と強く感じます。神の信者はどこにいるか、神についてはどこで話されているか、サードゥ（sādhu：僧侶）にはどこで会えるか、と探し求めます。そのとき、自分のまわりの世俗的な人、話、場所、波動から逃げたいと思うようになりますが、霊的に高まりたいなら、この状態を経験しなければなりません。

私はこの状態を他のヨーガの本からではなく、近代最高の聖者であるラーマクリシュナの実体験から引用して説明しています。シュリー・ラーマクリシュナも、霊的実践をしていた頃は、霊的な人たちとの神聖な交わりを求め、世俗的な人が訪ねてきたときには自分の部屋の扉を閉めました。彼らに会うのが苦痛だったのです。

ヴィッシュッダ・チャクラまでクンダリニーが上がってきても、またアナーハタ、マニプラ……と下がる可能性は残っています。しかしヴィシュッダを通過してアッギャー・チャクラに到達すると、ふたたび下降することはありません。

（6）アッギャー・チャクラ（ajñā cakra）

アッギャー・チャクラの場所は眉間です。これまでは、個人的アートマンを炎のヴィジョンで見ていましたが、ここでは神のヴィジョ

ンを見ます。しかし神のヴィジョンを見ることができても、それと一体にはなっておらず、ほんの少しだけ隔たりがあります。つまり「見る」という状態を認識できるということは、「見る者」すなわち自分と、「見られる者」すなわち神があるからで、まだほんの少しの「私意識」があるのです。それは完全な合一とはいえませんが、しかしアッギャーでは、神のヴィジョンをずっと見ています。クンダリニーがアッギャー・チャクラを通過すると、ついにサハスラーラに到達します。

（7）サハスラーラ・チャクラ（sahasrāra cakra）

クンダリニーがサハスラーラ・チャクラに到達すると、アッギャー・チャクラでの隔たりはなくなり、求道者とシヴァがひとつになります。ラージャ・ヨーガは「シャクティとシヴァがひとつになる」と言い、バクティ・ヨーガは「バクタ（信者）と神がひとつになる」と言い、ギャーナ・ヨーガは「アートマンとブラフマンがひとつになる」と言いますが、みな同じことです。どのヨーガの道を通ってもサマーディにいたると結果は同じで、サッチダーナンダとなり、すべての欲望と無知がなくなります。粗大なもの、精妙なもの、そして原因を超越し、生まれ変わりをも超越し解脱します。

プラーナーヤーマの結果

（1）無知がうすれ、霊的な知識があらわれる

『ヨーガ・スートラ』第2章52節には「その結果、内なる光を覆っていたヴェールが取り除かれる」（"Tataḥ kṣīyate prakāśāvaraṇam"）とあります。厚いカーテンが部屋の中央を仕切っ

ていると、カーテンの向こう側にある光を見ることはできません。このカーテンが「無知」というヴェールで、無知が「霊的な知識」という光を覆っていたのですが、プラーナーヤーマの実践で、徐々に無知のヴェールは薄くなり、知識の光があらわれてきます。

（2）カルマの鎖を断ち切る

またプラーナーヤーマによって、解脱の障害である「カルマの鎖」を断ち切り、輪廻転生（生まれかわり続けること）を止めることができます。良いカルマ（karma：行い、考え）も悪いカルマも輪廻に縛りつける鎖です。その鎖を断ち切らないかぎり、完全な自由（解脱）を得ることはありません。

プラーナーヤーマが無知を取り除く

プラーナーヤーマは肉体を使った実践です。なぜその実践で、霊的な知識があらわれるという結果を得られるのでしょうか。

「サ　アハム」（ブラフマンが私です）「アハム　サ」（私はブラフマンです）と心で唱えてブラフマンを想像するプラーナーヤーマを紹介しましたが、真理、神、ブラフマンについて考えながら、長時間、長期間、プラーナーヤーマを実践すると、「私意識」つまり「私は体である、私は心である、私は記憶である……」といった知識（それを「無知」といいます）が徐々に薄れていきます。そして、やがて無知が取り除かれると、霊的な知識（それを「絶対の知識」といいます）がおのずとあらわれます。この知識は自分の内からあらわれてくるもので、つねに自分の内にあった（ある）のですが、無知のヴェールで覆われていたのでわからなかったのです。しかし

ヴェールがなくなれば、それはおのずとあらわれ出ます。

　プラーナーヤーマ実践の結果、心はプラティヤーハーラ、そしてダーラナーに適したものとなります。

第6章　プラティヤーハーラ

　プラティヤーハーラから本格的な瞑想の準備がはじまります。ヤマ、ニヤマ、アーサナ、プラーナーヤーマも瞑想の準備ですが、これらは体のレベルでの実践が主です。プラティヤーハーラからは心のレベルだけとなり、さらに深い実践となります。

プラティヤーハーラの意味

　プラティヤーハーラ（pratyāhāra）の語源について、私の考えとして、ひとつの文法的解釈を出してみます。

　pratyāhāra は prati（プラティ）と āhāra（アーハーラ）からなっています。prati は接頭辞で「引きもどす」という意味です。また āhāra は hri（フリ：集める、もらう）という動詞に接頭辞 a がついて、そこから派生した意味は「食事」さらには「感覚の対象」です。人は食べものや飲みものをもらって、その成分を体に吸収しますが、それと同じように、感覚器官も感覚の対象からさまざまな認識を得ています。その意味合いに「引きもどす」という意味の prati がつくわけです。

　プラティヤーハーラの浅い意味は「食事のコントロール」、深い意味は「感覚を通して入ってくる食事のコントロール」つまり「感覚の対象から心を引きもどすこと」です。

　パタンジャリ・ヨーガでは、プラティヤーハーラ（感覚の制御）によって、感覚に引っぱられる心を引きもどし、静かになった心で

瞑想に向かいます。

アーハーラについて

アーハーラについては、二人の偉大な哲学者がそれぞれの意見を述べています。

（1）ラーマーヌジャ（Rāmānuja）の注釈

ラーマーヌジャは「霊的になりたいのなら、食べたり飲んだりすることに十分に気をつける必要がある」と言っています。毎日の食事は日常生活の基礎です。好きなものを好きなだけ食べたり飲んだりする生活は、霊的実践を難しくします。求道者にとって、食事はきびしくコントロールされなければなりません。

（2）シャンカラーチャーリヤの注釈

シャンカラーチャーリヤの考えはさらに深く、「粗大な物質である食べものや飲みものだけに気をつけていても霊的にはなれない。認識の感覚の食べものや飲みものもアーハーラである。霊的になるにはそれらにはさらに注意しなければならない」というものです。

目の対象は景色や文字、耳の対象は音、というようにすべての感覚（目・耳・鼻・舌・皮膚）には対象があります。それらは感覚から入って、心で認識していますが、感覚の対象は、感覚にとってのアーハーラ（食事）です。いくらおいしくても体に悪いものや消化によくないものは避けるように、霊的になりたいのなら、霊的な生活のためによいものとよくないものを識別して、よいものだけを取

り入れるように気をつけましょう。感覚の対象にはよいもの、悪いものを含め、さまざまなものがあります。シャンカラーチャーリヤは、体レベルの食事より、感覚レベルの食事のほうがさらに大事であると言っています。

ヴェーダのシャーンティーマントラには「神様、私たちが耳でよいものだけを聞きますように。目でよいものだけを見ますように。健康な体をもって、神様から授かったこの人生を生きることができますように」[1]という一節があります。耳でよいものだけを聞き、目でよいものだけを見る、つまり世俗的なものから感覚を引きもどすこと、それが理想的な感覚のプラティヤーハーラです。「見ざる、言わざる、聞かざる」ということわざのメッセージは「悪いものを見ない、言わない、聞かない」ということで、猿たちは両目両耳と口をふさいでいますが、本当は、片目片耳と口を半分あけて「よいものだけを見る、よいものだけを聞く、よいことだけを言う」というポーズが完璧です。この3匹の猿は求道者のシンボルです。プラティヤーハーラではこの態度が必要とされます。

[1] "Om bhadraṁ karṇebhiḥ śṛṇuyāma devāḥ/ bhadraṁ paśyemākṣabhiryajatrāḥ/ sthirairaṅgai-stuṣṭuvāgṁsastanubhiḥ/ vyaśema devahitaṁ yadāyuḥ/"

プラティヤーハーラの実践

私たちは、ふだん無意識のうちに感覚を感覚の対象に向けているので、それを意識して引きもどすのは簡単ではありません。また体レベルの食事のコントロールは食事のときだけ気をつければよいの

ですが、感覚からは常にさまざまな情報が入ってくるので、感覚のコントロールも常におこなわなければなりません。水は高いところから低いところへ流れます。上から下への流れにのるのは自然で楽なことですが、霊的な修行は、それを下から上に押し上げることです。簡単なことではなくても、それを続けなければ、次の段階に進むことはできません。

　世界のどの宗教も例外なく「感覚をコントロールしなさい」と言っています。少しなら楽しんでもいい、という教えはどこにもありません。快楽は火花のようなものです。ひとつの火花が飛ぶと、そこから大きな炎となってひろがる可能性があります。ですからすべての感覚がコントロールされなければならないのです。プラティヤーハーラとは心をコントロールして、それが感覚器官とつながることを許さないことです。少しだけでも世俗的な快楽への欲望があったら、完璧なプラティヤーハーラとはなりません。

感覚を感覚の対象から引きもどす方法

　では感覚をどのように引きもどすかについて説明しましょう。

（1）誘惑の対象に近づかない

　たとえば、飲酒好きな人は酒場に近づかないことです。人の心は強くはありません。心が誘惑されるような場所に行くと、欲望が生じて、感覚のコントロールが難しくなります。最初の大事な実践は、そのような場所に行かないことです。サムスカーラが刺激され、以前の欲望があらわれる可能性もあります。

（2）よい考えで心を満たす

　心をいつもよい思いで満たしてください。理想的なことを考えてください。神聖なことを考えてください。すると心が誘惑の対象に向かいません。これは求道者だけではなく、すべての人にとって重要な助言です。もちろん神聖な思いで心を満たす（神を思う）ことはとても大事ですが、そうでなくても心はできるだけ高尚で知的なことで満ちていたほうがよいからです。霊的な思い、理想的な考えで心を満たす。それも誘惑の対象から引きもどす実践のひとつです。

（3）執着しない

　執着していると、心はいつも執着の対象に向いてしまいます。するとプラティヤーハーラの実践は難しくなります。家族や友人を愛するのはよいことです。しかし、愛しても執着してはならないと聖典は言っています。

　執着のしるしは何でしょうか。それは「心をさし向ける」ことです。母親が子供を愛するのはまったく自然なことです。しかし、子供を必要以上に心配したり、コントロールしようとするならば、それは愛ではなく束縛であり、子供への執着です。

　執着の対象は人によってさまざまで、家族のこともあれば、ペットのこともあります。問題は、それらに執着してしまい、心や感覚をさし向けてしまうことです。そうなると、心や感覚を引きもどすことが難しくなります。

　プラティヤーハーラでは、心を感覚の対象から引きもどして落ちつかせ、瞑想の対象（真理、神）を集中して考える状態にします。

しかし目的は真理であるのに、心と感覚が執着の対象に向いていると、真理の瞑想ができません。だから執着しないように気をつけてください。そのためにはつねに識別をし、目覚めた状態でいることです。

　何ものにも執着せず、いつも目覚めた状態でいた聖者の話があります。

　インドのかつての君主バラタ王（Bharata）は、あまりに偉大だったので、その名が国名となりバーラタヴァルシャ（Bhāratavarṣa）と呼ばれるほどでした。年をとってヴァーナプラスタ（vāṇaprastha：隠遁生活の時期）[1] に入ると、すべてを放棄して森に入り、大変な霊的実践をして、ついには聖者となりました。

　あるとき、母鹿に死に別れた子鹿を助けて世話しはじめました。子鹿をかわいがるうちに、しだいに愛情が強くなり、やがて神について考えることがなくなり、子鹿のことばかり考えてしまうほどになりました。死のまぎわも「自己（アートマン）」に集中できず、子鹿のことばかり思いながら死んだため、次の生では鹿となって生まれ変わりました。死ぬ直前に何を考えたかによって来世が決められるからです [2]。しかし鹿に生まれ変わっても、霊的実践を積んだ前世のカルマは失われず、また前世の記憶もあったので、この鹿は「どんなものにも執着しないで生きよう」と決心して暮らし、鹿の体ででき得る霊的実践をして死にました。そしてその次の生ではふたたび人間として生まれました。そのときにも前世の記憶があったので、つねに目覚めた状態で暮らし、何ものにも執着せず、無執着の実践のため誰ともしゃべりませんでした。外見は普通の子

供でしたが、つねに意識をもって、気をつけていました。のちにジャラ・バラタ（Jaḍa Bharata）という聖者になり、とても素晴らしいヴェーダーンタの助言をのこしました。[3]

[1] 人生の4つの段階の3番目。世間から隠退し、瞑想をはじめとする霊性の修行に励む時期。用語解説の「四住期（しじゅうき）」を参照。
[2] 『バガヴァッド・ギーター』第8章6節「誰であろうと、肉体を離れるときに心で思ったもののところへ必ず行く。死ぬ瞬間に思ったことは、いつまでも記憶されるからだ」
[3] 『シュリーマッド・バーガヴァタム』102頁（日本ヴェーダーンタ協会）2008年。

感覚のプラティヤーハーラと心のプラティヤーハーラ

プラティヤーハーラには感覚のプラティヤーハーラと、心のプラティヤーハーラがあります。

（1）感覚のプラティヤーハーラ

普通、感覚は感覚の対象に向かいます。目の感覚は目の対象に、耳の感覚は耳の対象に向かいますが、感覚のプラティヤーハーラとはそれらから引きもどすことです。すると感覚と感覚の対象のつながりが断ち切られ、音が聞こえていてもその認識がない（聞こえない）、ものを見ていても見ているという認識がなくなります。これは誰にでも経験があることかと思いますが、何かに深く集中していると、何も聞こえないことがあります。音は耳に届いているのですが、心に届いておらず、音の意味が認識されないのです。これが感

覚と感覚の対象のつながりが断ち切られた一例です。ところが瞑想のとき、つながりを断ち切ろうとして感覚のプラティヤーハーラの努力をしても、はじめから完璧におこなうことは難しく、少しずつ実践を重ねるほかありません。しかし、ヨーギーの集中はレベルが違います。ヨーギーは実践をとおして心を清め、強い意志力を獲得しているので、深い集中ができます。純粋な心のヨーギーは、感覚を感覚の対象から引きもどして、心を瞑想の対象に集中する力を得ています。

（2）心のプラティヤーハーラ

心を世俗的なもの（世俗的な考え、記憶、サムスカーラなど）から引きもどして瞑想の対象に向けることです。心のレベルのプラティヤーハーラは、瞑想のときに必要です。静かな場所で瞑想するときは、感覚のプラティヤーハーラはさほど必要ではありません。目は閉じられているので何も見ませんし、耳障りな音も聞こえてこないからです。しかし目を閉じて、まわりが静かなときこそ、心がどれほど働いているか（考え事をしているか）がわかるでしょう。そこで心のプラティヤーハーラが必要となります。

心の集中

心はなぜ、集中できないのでしょうか。心を集中させるには「心の動き」を理解する必要があります。

心には、記憶を保持する置き場所（貯蔵庫）があります。それはふだんから関わっているもの、昔の経験、家族や親戚、友だち、仕事、趣味、食事など無数にあります。心が集中できないのは、その

無数の置き場所に次から次へと向かってしまうためなのです。

　では瞑想のために、心を神、真理に集中するにはどうしたらよいでしょうか。無数の置き場所の中の1つは「神」の場所です。オームは「神」の音のシンボルですが、たとえば瞑想で、オームについて集中して考えるとしたら、心を他の世俗的な置き場所に向かわせません。「家族」「友だち」「経験」などのさまざまな置き場所を見ることも、思い出すこともせず、ただオームのことだけを考えるのです。これが神に集中するということです。ヨーギーは自己の本性を悟るために純粋な心をもって瞑想の対象に集中します。

　サーチライトは暗やみの中でフォーカスしたものだけを照らします。たとえば夜の公園でベンチという1点を照らすと、他のスペースや遊具は暗闇に包まれて見えません。同様に、瞑想のときにはオームという1点だけにサーチライトを当てるのです。心をオームという置き場所だけに向け、オームだけを思い出します。もし心が他の置き場所に向かったら、それを引きもどします。これが心のプラティヤーハーラです。

　心を一点に集中して成功する例が『マハーバーラタ叙事詩』にあります。

　ドローナは武術の大家(たいか)でした。それを知った長老ビーシュマ（Bhiṣma）は、王子たちの武術師範としてドローナを召し抱えました。ある日、ドローナは木の枝に木製の鳥をつるし、王子たちにその鳥を弓で射るように命じました。まず長兄のユディシュティラを呼んで弓を引かせ、何が見えているかとたずねました。ユディシュティラは目に見えているすべてのもの——木製の鳥、木、葉、草、

空など——を答えました。それを聞いたドローナは、彼をしりぞかせて次の王子を呼びました。そして同じ質問をし、似たような答えが繰り返されると、ドローナは次々と彼らをしりぞかせました。最後にアルジュナに同じ質問をすると、アルジュナは「鳥の目だけ見えます。それしか見ていません」と言いました。そのとき「うて！」とアルジュナに弓を射させると、放たれた矢は、木製の鳥の「目」にみごとに命中しました。

心を落ちつけて瞑想するために

感覚から入る波動は心に届きます。景色を見る、話しをする、歌を歌う、テレビを見るなど感覚を使う行為はすべて、心に影響をあたえます。そのすべての波動を受け入れて心で認識していては、心は落ちつかなくなり、瞑想ができなくなります。ヨーギーの目的は集中して瞑想することです。

心を落ちつけて瞑想するために、プラティヤーハーラの最初の実践として「識別」があります。識別せずに、感覚の器官をとおして入ってくるものを何でも受け入れていると、心はいつまでも落ちつかず、瞑想どころではないからです。

そして瞑想するときには、「すべての感覚を閉じる」という実践をします。たった１つの感覚の入り口を開けておくだけでも心に影響するからです。瞑想して目は閉じていても、耳から入る音だけで、心は落ちつかなくなります。

インドの聖典『シュリーマッド・バーガヴァタム』(Śrīmad Bhāgavatam) の中に「アヴァドゥータ (Avadhūta) の２４人の教師たち」[1] という話があります。その教師たちのほとんどは自

第6章　プラティヤーハーラ

然や動物でした。アヴァドゥータはそれらを観察して、偉大な教訓や知識を学んだのです。鹿と虫を例にとって、感覚器官のうちの、たった１つのコントロールを怠（おこた）っても困難にあうのだということを学びましょう。

①耳の感覚だけで困難にあう鹿

鹿は美しい音が好きです。猟師が笛で美しいメロディを吹くと、それを聞いて遠くからゆっくりとやって来ます。そして猟師につかまってしまいます。

②目の感覚だけで困難にあう虫

虫は火の色が好きです。それがとても魅力的に見えるので、それに向かって突進します。すると自分は燃えてしまいます。

［１］『シュリーマッド・バーガヴァタム』２１３頁（日本ヴェーダーンタ協会）２００８年。

感覚を心に従わせる

普通、心は感覚に従っています。たとえば目（感覚）が薔薇（ばら）（感覚の対象）を見ると、心は感覚に従って薔薇に引きつけられます。すると薔薇を好きになり、それをもっと見たい、手に入れたいと思います。これは感覚と心の自然な状態です。

しかし欲望から執着が生じると、鹿や虫の例のように問題が起こります。ではそのようにならないためにはどうしたらよいかというと、感覚を感覚の対象から引きもどし、感覚を心に従わせるのです。いまの状態の反対です。

プラティヤーハーラを完璧におこなえば、心が感覚に従う状態から、感覚が心に従う状態に変化します。プラティヤーハーラができているとき、心が静かなら、感覚も静かで動きません。心が見たいと考えると、感覚が心に従ってそれを見ます。すべて心がコントロールし、命令しています。

女王蜂は自分で動くことなく巣の中にいます。蜜蜂は蜜を集めて勤勉に働いています。しかし、ひとたび女王蜂が巣から出て別の場所に移動すると、蜜蜂たちも女王蜂について移動します。心が女王蜂、感覚は蜜蜂——プラティヤーハーラの実践はそのイメージをしてください。まず心が動き、次に感覚がそれについていきます。

サムスカーラの影響

しかし、ここで問題が起こります。心に従ったはずの感覚が、ふたたび感覚の対象に向いてしまうのです。

たとえば、快楽の場所から離れ、静かな場所にとどまっているかぎりはプラティヤーハーラの実践ができていても、快楽の場所に入ると、感覚がまた欲望の対象に向かってしまいます。快楽に引きつけられる原因は、実は外の環境ではなく、心にあります。心が今までの経験や、潜在意識に隠れている傾向（サムスカーラ）の影響を受けてしまうのです。サムスカーラが、人それぞれ、どのような快楽に引きつけられるかの傾向を決めています。快楽に対する欲望がないように見えてもそれは眠っているだけで、刺激されると、すぐ目覚めてしまうのです。

もちろん初期の段階では、欲望が生じるような場所を避けることが賢明です。しかし、たとえ洞窟（どうくつ）や、森の奥や、アーシュラマ

（庵、僧院）に隠棲し、おだやかに見えても、根本原因であるサムスカーラがあるかぎり、快楽の場所に行けば欲望が目を覚ますだけでなく、サムスカーラは増大します。サムスカーラをどのように減少させていくか、それがプラティヤーハーラの重要なテーマです。

プラティヤーハーラの２つの側面

　プラティヤーハーラには、「感覚の対象から感覚を引きもどす」という消極的な側面と、「心を静かにして、感覚にその静かな心のまねをさせる」という積極的な側面があります。

　心は落ちつきなく動きまわり、さまざまなものに引きつけられます。感覚はその影響を受けて、対象をもとめて探しまわります。このとき無理やり感覚を対象から引き離すことをしても、サムスカーラの影響で、また対象に引きつけられる可能性があります。しかし心のコントロールができていれば、感覚のコントロールは容易になり、感覚に心のまねをさせて、心が静かになれば感覚も静かになる、ということをするのです。心がしずまれば、やがて欲望は減っていくでしょう。真のプラティヤーハーラは、心が静かでなければできないのです。

　「心が動かず静かである」ということを表面的にとらえると、心が非活動的で鈍感な状態を想像しがちですが、そうではなく、その静かな心は「積極的に真理に集中している心」です。心を静かにするのは瞑想の導入部分であって、それが瞑想の目的ではありません。静かな心で、神、真理、アートマンについて集中して考えるのが瞑想です。

プラティヤーハーラの形

プラティヤーハーラにはいろいろな形があり、注釈者がそれぞれ意見を述べています。ヴィヤーサが、他の注釈者の諸説を引用してまとめているので、ここで紹介します。

①無関心

これは「感覚が、感覚の対象に関心をもたない」ということである。我々が対象を好んだり嫌ったりする原因は、対象にあるのではなく、我々の主観（もともと自分の持っているイメージ）にあり、それを対象に投影しているにすぎない。無関心とは、感覚の対象と自分のイメージを結びつけないということだ。物は物、人は人にすぎない、と考えるのがプラティヤーハーラのひとつの形だ。

②聖典で許されていることだけを楽しむ

聖典には「どのような楽しみがよいのか、悪いのか」について、はっきりと例をあげて書かれているものがある。たとえば食事については肉、ニンニク、タマネギなどはどうなのかということが詳しく書かれていたり、娯楽についても許されるものと許されないものが具体的に書かれている。聖典は聖者が作ったが、聖者は、執着が起こって心が落ちつかなくなる快楽の種類を知っている。快楽を、聖典で許されている範囲だけに限定するという態度は、プラティヤーハーラのひとつの形だ。

③自分の意志に従う

たとえば、全部食べ終わるまで食べ続けていた食事の習慣を、満腹を感じたらすぐやめると決めて実行するのは、自分の意志に従うということだ。それは、惰性で楽しみを引きのばさないということ

であり、自分の意志で、今から楽しまないと決め、その瞬間感覚を対象から引きもどすことだ。このとき、楽しむことを途中でやめてもそれをひきずらず、その反動も後悔もない。これもプラティヤーハーラのひとつの形だ。

④対象に執着しない

感覚の対象に、執着も嫌悪感も持たない。感覚の対象を楽しんでも、その対象を好きでも嫌いでもない。食べものや飲みものを味わっても、娯楽を楽しんでも、終った後までひきずらない。これもプラティヤーハーラのひとつの形だ。

最後にヴィヤーサは、聖者ジャイギーシャッヴィヤ（Jaigiṣavya）の説を引用しています。

「心が真理について集中していれば、感覚は必然的に、感覚の対象から切り離されている。そのとき、心が何かを認識したいと思わないかぎり、感覚は動かない。プラティヤーハーラが進むと、心は真理に集中する。その心の状態のとき、感覚は心に従うのだ」

ジャイギーシャッヴィヤは「心が集中することが何より重要で、それができるなら、感覚のコントロールのための特別な方法はいらない」と言っています。

真のプラティヤーハーラ

ヴィヤーサは「以上の４つの実践をおこなっても、対象を楽しみたいというわずかな欲望が残っている」と言います。それはたとえば無関心の実践についていえば、わずかな欲望があって、完全には真理に集中していない状態で感覚の対象に無関心になろうと努力し

ても、失敗する可能性があるということです。心の準備がなければ、今は執着していなくても、後になって執着にとらわれる可能性があるのです。

ヴィヤーサは「真のプラティヤーハーラは完全な放棄と心の抑制(よくせい)が必要だ」と結論づけています。感覚のレベルだけでプラティヤーハーラを実践しようとしても、心の状態がそれにともなわなければ、真のプラティヤーハーラにはなりません。

霊的実践をかさね、心が内に向かい、つねに真理について考えるように努めなければ、感覚を対象から引き離すことは困難です。ですからパタンジャリは、心のレベルでの実践（プラティヤーハーラ）を準備するために、ヤマ、ニヤマ、アーサナ、プラーナーヤーマを用意したのです。それらを集中して実践していけば、心が静かになり、結果としてプラティヤーハーラが容易になるからです。

傍観者として心の中を観察する

ふだんは意識されていませんが、瞑想をすると、私たちの心（意識・潜在意識）にどれほどたくさんの考えが詰まっているかがよくわかります。昨日のこと、今日の予定、仕事のこと、人間関係など、さまざまな思いがすべていっしょくたになって心の中に存在しているのです。瞑想のとき、それらの思いが整理されてひとつずつ現れるのではなく全部が混じりあったものがいっぺんに心の奥から噴き出してくることがあります。このような心の状態では、集中した深い瞑想は難しく、無理してジャパや瞑想を続けても効果があがりません。瞑想は、心が内を向いて静かにならなければ、深まらないからです。

第6章　プラティヤーハーラ

このようなとき、どうすればよいのか、ヴィヴェーカーナンダの助言を聞いてみましょう。

「しばらくの間すわって、心を走り回らせることです。心はつねに波立っています。それはあの跳(は)ねまわる猿のようです。猿は好きなだけ跳ねまわらせなさい。あなたはただ、待って見つめているのです。『知識は力だ』ということわざがありますが、それは本当です。心が何をしているかを知るまでは、心を制御することはできません。ですから心に自由をあたえなさい。するとたくさんの恐ろしい思いがあらわれて、まさか自分がこんなことを思うとは、とあきれることでしょう。ですが徐々に心の気まぐれは減り、心はおだやかになっていきます。毎日の忍耐強い実践で、心は完全に制御されるようになるのです。この、心を制御し、それが神経中枢とつながるのを許さないことをプラティヤーハーラといいます。そのとき人は、自分は心にも何ものにも支配されてはいないと認識するのです」[1]

瞑想のとき、1つのことに集中して、それ以外のことをおさえつけようとすると、反動で、抑圧された思いが強い勢いで表に出ようとします。瞑想とは精妙（霊的・純粋・永遠）なものに集中することです。しかし世俗的なものごとに集中することはあっても、精妙なものに集中するという習慣は、私たちにありません。ふだん集中したことのないものに集中しようとするので、反動も強いのです。

そのようなときには瞑想やジャパをいったんやめて、傍観者となって自分の心を観察します。心の中からいろいろな考えがあふれ出てくることに抵抗せず、ただそのようすを客観的に見るのです。ある思いが現れて消えたあと、すぐに別の思いが現れて、いつまで

たっても終わらないように見えても、観察を続けてください。すると現れてくる思いの数が徐々に減っていくでしょう。それにともない、心も静かになっていきます。心が完全にしずまらなくても、ある程度落ちついたところで瞑想を始めれば、そのあとには集中して瞑想できるでしょう。

　初心者が３０分瞑想する場合、最初の１０分は、この傍観者としての観察をしてから瞑想に入ることをお勧めします。瞑想に慣れてくれば、この１０分は不要になります。

　［１］『ラージャ・ヨーガ』８１頁（日本ヴェーダーンタ協会）２０１６年。

プラティヤーハーラの結果

　プラティヤーハーラを実践した結果、ヨーギーは感覚のコントロールができるようになります。必要な感覚を必要な対象に向けて集中し、他の感覚は閉じています。心はしずまり、真理に集中します。感覚の対象に振りまわされることがなくなります。心が空になり、清らかで安定します。神経がしずまり、観察力、記憶力が高まります。それらにより霊的な生活が深まっていくのです。

第7章 サンヤマ（ダーラナー、ディヤーナ、サマーディ）

　パタンジャリは、アシュターンギカ・マールガにおいて、ダーラナー、ディヤーナ、サマーディという集中に関係ある最後の3つの段階を合わせて「サンヤマ」（saṁyama）として説明しました。はじめから長時間、霊的な対象に集中して瞑想するのは難しいことです。まずサンヤマの第1段階、ダーラナー（dhāraṇā：集中）から始めます。集中は、ラージャ・ヨーガだけではなく、どのヨーガの瞑想においても重要です。以下に続くサンヤマの説明は、それらの実践にも生かしていくことができるでしょう。

ダーラナー

　ダーラナーは集中のファーストステップです。実践方法としては、意識を体のある1か所に定めて集中させます。心に体の他の部分を忘れさせ、その1か所だけを感じるように強いるのです。

　体に集中する理由は、この段階ではまだ「真の純粋な心」や「自分の本性」を明確にイメージできずそれに集中するのが難しいこと、体は身近にあって私たちは常にそれについて考えているので、体への集中もイメージも容易だからです。ポイントは、体のあちこちではなく、ある1か所に集中することです。

　ヴィヴェーカーナンダはこのように言っています。「たとえば、体の他の部分を忘れて手だけを感じるように、努力してみてください。チッタ（心）が、ある1つの場所に限定されて定まると、それ

がダーラナーです。このダーラナーにはさまざまな種類があり、少し想像力をはたらかせる必要があるかもしれません。たとえば心がハートの中の一点を思いつづけることですが、それはたいへん難しいことです。もっと楽な方法は、心に１つの蓮華（蓮の花）を想像することです。その蓮華は、かがやく光に満ちています。そこに心を集中させるのです。また、頭脳の中に光に満ちている蓮華を、あるいはスシュムナーのさまざまなチャクラを思いえがきます」[１]

　集中に適している体の場所ですが、ハート（瞑想においては、臓器としての心臓とは異なり、胸の中心に存在するものとして想定される。用語解説を参照）、舌先、鼻先、眉間、頭頂、手など、それに集中しながら真理をイメージするのに楽な場所を選べばよいでしょう。

　この方法以外に、日常の行為に深く集中する方法も有効です。これはヴィパッサナー瞑想と称されていて、たとえば次のような行為のプロセスに集中します。

- 息を吸う、吐くに集中する。
- 息を吸うと胸がふくらむ、吐くとしぼむ、という胸の動きに集中する。
- 歩行のプロセス［右足の一歩→左足の一歩→右足→左足……］に集中する。
- 食事のプロセス［箸を持つ→つまむ→口に入れる→噛む→味わう→飲み込む……］に集中する。

　心を一点に集中させるダーラナーの訓練によって、ある時ははっきりしていても、ある時はぼやけていた瞑想の対象が徐々に鮮明と

なり、集中できる時間ものびていきます。

［１］『ラージャ・ヨーガ』８２頁（日本ヴェーダーンタ協会）２０１６年。

ディヤーナ

ヴィヴェーカーナンダはディヤーナ（dhyāna：瞑想）については、このように述べています。

「プラティヤーハーラとダーラナーのつぎに、ディヤーナ（瞑想）がきます。心が（内または外の）ある位置に集中し続けるように訓練されると、その一点に向かって不断の流れとして流れ続ける力が生まれます。この状態がディヤーナと呼ばれるものです」［１］

ダーラナーよりさらに集中が深くなるディヤーナの段階になると、瞑想の対象をよりはっきりと見ることができるようになります。また、深く集中しつづけているだけでなく、安定した集中が続きます。ポットから水を注ぎ入れるときのように途切れ途切れだった集中が、油やハチミツを注ぐときのように、集中の流れがなめらかになり、途切れなくなるのです。

日本語の「禅」という言葉はディヤーナから派生したそうです。

ある求道者が禅の老師のもとに、教えを乞いに行きました。老師は「もしあなたが１時間集中して真理について考えることができるなら、悟りを得ることができるでしょう」と答えました。求道者はたやすいことと考え集中を始めましたが、数分たったところである音に気をとられ、集中が途切れました。そこで最初からやりなおしましたが、しばらくすると頭痛を感じて集中が中断しました。気を

とりなおし、ふたたび集中を始めましたが「もしも悟りを得たらどうしよう。信者が増えるかもしれない。お布施がたくさん入ってくるかもしれない……」などと雑念がわき起こり、集中できなくなりました。彼は「準備ができていなければ集中は困難である、ということが今よくわかりました」と師に告げました。師は「今日あなたが理解したことがあなたの最初の学びです」と答えました。

　ディヤーナの状態のヨーギーは、集中の対象に深く没入し、体意識はまったくなくなります。鳥はヨーギーの髪の毛を巣だと思って頭にとまり、ヘビはヨーギーの足を棒切れだと思って這うほどです。彼らはヨーギーを意識のない物質だと思い、またヨーギーも彼らへの意識をまったく失っています。

　［１］『ラージャ・ヨーガ』９６頁（日本ヴェーダーンタ協会）２０１６年。

サンヤマ

　ディヤーナの次の段階がサマーディ(samādhi)です。ヴィヴェーカーナンダは「ディヤーナの力が非常に強くなって、外界の知覚をしりぞけ、内的存在の意味だけを瞑想し続けることができるようになると、その状態がサマーディと呼ばれます」［１］と言っています。

　ダーラナーからディヤーナへとすすむのは、集中の過程で自然に起こることなので、はっきり区切ることはできません。「１２秒の集中ができればダーラナーとなり、その１２倍の１４４秒（２分２４秒）の集中ができればディヤーナとなり、その１２倍の

１７２８秒（２８分４８秒）の集中ができればサマーディとなる」［２］と言われていますが、この一連のことを「サンヤマ」と言います。［一点集中（ダーラナー）⇒　一点集中の継続（ディヤーナ）⇒　その集中力が内なる存在のみに定住する（サマーディ）］という一連です。

　ヴィヴェーカーナンダはサンヤマについて、「それは存在の最高の状態である」と述べています。

　「欲望があるあいだは、真の幸福は得られません。われわれに真の楽しみ喜びと幸福をもたらすのは、黙想的な傍観者となって対象を瞑想しているときだけです。動物は感覚の中に、人は知性の中に、そして神（的存在）は霊的黙想の中に幸福を感じますが、世界が真に美しいものとなるのは、この瞑想に到達した魂だけなのです。何の欲望もなくそれらと自分を混同することもない魂にとって外界の多様な変化は、荘厳なまでに崇高で美しいひとつの景色となるのです」［３］

　霊的実践の道に高飛びはありません。一歩一歩着実に進むことです。氷山の大部分は海面下に隠（かく）れています。私たちの潜在意識も顕在意識の下に隠れており、その潜在意識にはたくさんのサムスカーラがあります。それらを清めて初めて、ダーラナー、ディヤーナ、そしてサマーディへ進むことができるのです。

　［１］『ラージャ・ヨーガ』９７頁（日本ヴェーダーンタ協会）２０１６年。
　［２］同１０４頁。
　［３］同９７頁。

チッタの本性

『ヨーガ・スートラ』の第1章2節「ヨーガハ・チッタ・ヴリッティ・ニローダハ」にはヨーガの定義が書かれています。それはチッタ、すなわち顕在意識と潜在意識を含めた心(包括的な心)のすべての考えの波を止滅することです。

ヴィヴェーカーナンダは「チッタは本来清らかな状態であり、つねにその状態にもどろうとする」と言っています。

「しかし感覚器官がチッタを外へ引き出そうとします。ですからヨーガの第一歩はチッタを抑制し、外へ向かおうとする傾向を引きとめることです。このようにして初めてチッタは、『知性の本質』(これはプルシャを言いあらわしている)というみずからの本性へ帰還する旅路につくことができるのです」[1]

ヨーガの定義にある「ニローダハ」は、心の考えの波がしずまったあとに消滅するという意味です。心には欲望などの考えの波が絶えず立っていますが、欲望がなければ心は静かです。しかし欲望を強引に抑圧すると、反動が生じる可能性もあります。現代の心理学は、過剰な抑圧は心を鈍くし、うつ病などの心の病気の原因となると指摘しますが、ヨーガの方法は「抑圧」ではなく「超越」です。むりやり心をおさえこむのではなく、心が自然に静かになるような肯定的な方法なのです。

「抑圧」と「超越」の違いは何でしょうか。目的がないから抑圧するのであって、目的があれば超越が可能となります。超越が可能なのは、そこに大きな理想、つまり霊的な目的があるからです。超越という方法に反動はなく、得られる結果も偉大です。ヨーガの実践によって心は静まり、その大きな成果として安定した平安、幸せ、

第7章 サンヤマ（ダーラナー、ディヤーナ、サマーディ）

真理の理解を手に入れることができます。

［1］『ラージャ・ヨーガ』１２０頁（日本ヴェーダーンタ協会）２０１６年。

サマーディ

サマーディとは内にすべてを包含(ほうがん)した状態です。それは「サマーディに入ると、個人的な欲望はなくなり、すべての欲望が満たされた状態になる」という意味です。欲望と欲望の対象は数かぎりなく存在しますが、最高のサマーディの状態では欲望の種がすべて焼きつくされるので、欲望の芽がふたたび出ることはないのです。

仏教の最終的解脱であるニルヴァーナ（nirvāṇa）は「ヴァーナがない」、つまり「欲望が完全にない状態」という意味で、顕在意識だけでなく、潜在意識にもないということです。潜在意識の欲望は、想像をはるかに超えて膨大ですが、ニルヴァーナとはそれも含めてすべてなくなったという状態なのです。「サマーディ」は「すべてを包含する」、「ニルヴァーナ」は「欲望がまったくない」と、表現に肯定、否定の違いはありますが、両方ともまったく同じことを言っています。

ヴィヴェーカーナンダは「サマーディとは何であるか」をこのように簡潔に説明しています。それは心の意識や無意識を超えた、「超越意識」だという説明です。

「心は意識を超えることができます。意識未満のところに、無意識という心の働きがあるように、意識を超えたところに『私』とい

う自己意識の感じをともなわない、もうひとつの心の働きがあるのです。『私』という自己意識を感じるのは真ん中の段階のとき（意識のとき）だけで、心はその上にいっても下にいっても、『私』を感じることはありませんが、働いています。そして心がそのかなた上方に行くと、それはサマーディ、または超越意識と呼ばれるのです。

では、サマーディに入った人が、無意識になったのではなく、超越意識にまで高く高く上ったのだということは、どのようにしてわかるでしょうか。どちらの場合も『私』という感じをともなわないことは同じです。しかし結果を見れば、それを知ることができます。

深い眠りに入るとき、心は意識未満のレベル（無意識）に入ります。この睡眠中、ほとんど『私』という自己意識はありませんが、つねに肉体を働かせ、呼吸をし、体を動かしています。そして眠りから覚めたときには、眠りに入った人と同じ人です。眠る前と、目覚めたときの知識の総量は同じで、少しも増えておらず、悟ったわけではありません。しかし、人がサマーディに入ったら、愚か者がそれに入ったとしても、その人は聖者としてそこから出てきます。

何が違いをつくるのでしょうか。ひとつの状態（無意識の状態）では、人は入ったときと同じ人として出てきます。もうひとつの状態（超越意識の状態）では、人は入ったときと違い、悟った人として、聖者として、彼の全性格が変容して、光明に照らされて、出てきます。これがそれぞれの結果です。結果がそのように違うのですから、原因も異なるに違いありません。人がサマーディを得て悟るこの明知は、無意識の段階で得られるものより遥かに高く、また意識の段階で推理によって得られるものより遥かに高いのですから、それは超越意識であるに違いありません。それでサマーディは、超越意識

第7章　サンヤマ（ダーラナー、ディヤーナ、サマーディ）

の状態と呼ばれているのです」[1]

　チッタ（包括的な心）には、さまざまな欲望や、前世から引き継いだサムスカーラがあります。欲望は今生でさらに増え、新しいサムスカーラもまた蓄積されます。サマーディは、この状態である間は不可能です。欲望やサムスカーラなどすべてを超越して、心の波が止滅したとき、はじめてサマーディに入ることができるのです。

　「ヨーガハ・チッタ・ヴリッティ・ニローダハ」を簡単にとらえ、「心が何も考えない状態になれば、それはサマーディと同じだろう」と思う人もいるかもしれません。しかしそれとサマーディとはまったく異なる状態です。霊的実践の結果、心が何も考えない状態になることはありますが、それはサマーディではありません。ためしに、その何も考えていない状態のまま外に出て街中のいろいろなものを見てみると、たちまち心は考えはじめ、波だってくるでしょう。空っぽだと思っていた心のどこに、これほどの欲望があったのでしょうか——それは潜在意識に隠れていたのです。

　潜在意識の中の欲望を自分で認識することは困難ですが、しかしそれもきれいにしなければ、サマーディには入れません。何も考えていないのはサマーディではなく、それは単なるタマス的な鈍い状態にすぎないのです。なかには本から得た知識だけで「私はアートマンである」と思い、何の実践もせずに悟れると思っている人もいます。ラマナ・マハリシ、クリシュナムールティ、ニサルガダッタ・マハーラージ（Nisargadatta Mahārāj）などの本をおもしろく読んだ人の中には、すぐにギャーナ・ヨーギーになれると思い込む場合もあります。実際はタマス的状態なのに、自分はヨーギーだと勘違

いしてしまうのです。しかし悟りは容易なことではありません。実践をとおして、自分の内にある魂（アートマン）の存在に気づくことが重要です。

　今生だけでなく、前世から引き継いだサムスカーラの影響はとても強く、自分はインド人・日本人、女性・男性、主婦・サラリーマン、仏教徒・キリスト教徒であるといった自己規定の根深さもサムスカーラが原因です。これらをすべて、超越しなければなりません。超越しなければ、サマーディはのぞめません。そしてこの超越がどれほど重要なことであるかは、チャレンジしてみて初めてわかるのです。

　［１］『ラージャ・ヨーガ』８８頁（日本ヴェーダーンタ協会）２０１６年。

サマーディには段階がある

　ここで波動の伝達について考えてみましょう。たとえば「牛」という音声が発せられると、外側（体）の粗大な感覚器官である耳がその波動を受けとり、目に見えない精妙な内側の感覚器官によって心に運ばれ、その反応で「牛」という認識がなされます。（科学者は心ではなく、脳が認識すると言うでしょうが……）波動の伝達には実際にはこのような段階があるのですが、しかし私たちは段階を意識して音の認識をおこなってはいません。

　同様に、サマーディはひとつの状態のように見えますが、分析すると、いくつかの段階に分けることができます。ヒンドゥ教の聖典には、数多くのサマーディに関する記述があります。それを整理しながら説明していきます。

第7章　サンヤマ（ダーラナー、ディヤーナ、サマーディ）

サマーディの分類

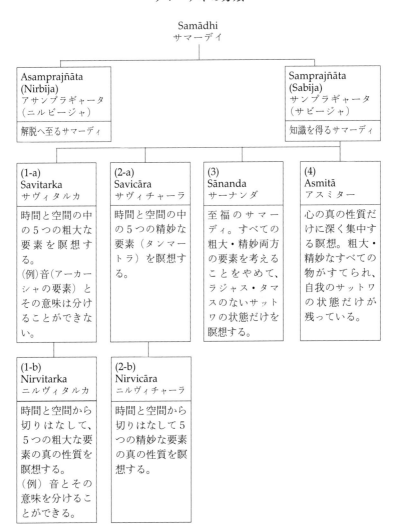

表中の粗大な要素、精妙な要素などについては用語解説の「宇宙の創造」の説明を参照。

サマーディは２種類にわけられます。ひとつはサンプラギャータ・サマーディ、もうひとつはアサンプラギャータ・サマーディと呼ばれるものです。

サンプラギャータ・サマーディ（Samprajñāta samādhi）

前掲の「サマーディの分類」表をみるとわかるように、パタンジャリは、瞑想の対象によって、サンプラギャータ・サマーディを４つに分類しています。詳しくはヴィヴェーカーナンダの説明を聞いてみましょう。

「サンプラギャータ・サマーディでは、自然（プラクリティ）を支配するすべての力を得ることができます。それは４種類からなっており、それらのサマーディでは、心がひとつの対象を、他の対象から切りはなして繰り返し瞑想します。

サンプラギャータ・サマーディの瞑想対象は「２５のカテゴリー」[１]で、自然界の２４の宇宙原理[２]と、１つのプルシャ（合わせて２５）です。ちなみにパタンジャリ・ヨーガのこの部分は、完全にサーンキヤ哲学にもとづいています。

サーンキヤ哲学によると、自我と意思と心は、チッタ（包括的な心）に共通の基盤を持ち、チッタが自然（プラクリティ）の力を取り入れると、それらは思考（考え）となってあらわれます。そこには力と物質がひとつになった何ものかがあるのですが、それがアヴィヤクタです。アヴィヤクタとは、宇宙が創造される前に、自然として

第7章　サンヤマ（ダーラナー、ディヤーナ、サマーディ）

潜在しているもの（あらわれないプラクリティ）で、自然（プラクリティ）は創造のサイクルごとに、そこからあらわれてはそこへと帰り潜在状態となります。そして、それを超越して、プルシャがあります（第3章6節および用語解説「宇宙の創造」を参照）。プルシャは『知性の本質』です。

> ［1］サーンキヤ哲学の「24の宇宙原理」にプルシャを加えたものを「25のカテゴリー」と言っている。
> ［2］24の宇宙原理とは、①プラクリィティ（自然の根源力、根本的エネルギー）、②ブッディ（宇宙的な知性）、③アハンカーラ（宇宙的な自我）、④マナス（宇宙的な心）、⑤ギャーネンドリヤ（5つの認識器官）、⑥カルメンドリヤ（5つの行動器官）、⑦タンマートラ（5つの精妙な根本的要素）⑧マハーブータ（5つの粗大な要素）用語解説参照。

知識は力です。あるものを知るやいなや、われわれはそれに対して力を持ちます。ですからさまざまな要素を瞑想しはじめると、心はそれに対して力を得るのです（集中が進むと瞑想の対象の知識を得る）。サヴィタルカ（Savitarka samādhi：「サマーディの分類」表中の1-a）は、外界の粗大な要素を対象とする、そのような瞑想です。ヴィタルカは「問い」、サヴィタルカは「問いをもって」という意味、つまり外界の粗大な要素を瞑想することで、それら要素に「みずからの真実をあかし、力を与えてくれるか」と問いかけることです。

しかし力を得ても、解脱は得られません。力の探求は、世俗的な探求だからです。「本来人生に快楽はなく、快楽の探求はすべてむ

なしい」ことは、簡単には理解することができない古い教訓です。しかしこれを理解した者は、この宇宙を脱出して真の自由を得るのです。一方いわゆる超能力を持つ者は、世間の脚光をどんなに浴びても、最終的にはみずからの苦痛が強烈になるだけです。この、「ヨーガが超能力を得る必然性」について、科学者としてパタンジャリはその指摘をしなければなりませんが、同時にその力への警告も忘れることはありません。

　また、サヴィタルカに関連して、瞑想者が要素を時間と空間から切りはなし、それらのあるがままを思おうと努力するときには、ニルヴィタルカ、つまり「問いのない」（Nirvitarka samādhi：表中の 1-b）と呼ばれます。

　その瞑想が一歩高くすすみ、瞑想対象としてタンマートラ（tanmātra(s)：精妙な5要素）[1] をとりあげ、それを時間と空間の中にあるものとして思うとき、サヴィチャーラ「識別をもって」（Savicāra samādhi：表中の 2-a）と、そして時間と空間を排除し、あるがままの精妙な要素を思うとき、ニルヴィチャーラ「識別しないで」（Nirvicāra samādhi：表中の 2-b）と呼ばれます。

　つぎの段階は、粗大および精妙、両方の要素が捨てられ、瞑想の対象が内なる器官、すなわち考える器官であるときです。考える器官が活動性（ラジャス）と惰性（タマス）という性質を取り除かれた状態で瞑想されるとき、それはサーナンダ「至福に満ちた」サマーディ（Sānanda samādhi：表中の 3）と呼ばれます。

第7章　サンヤマ（ダーラナー、ディヤーナ、サマーディ）

　心そのものが瞑想の対象であるとき、瞑想が非常に熟して集中したとき、粗大や精妙といった、物質のすべての観念が捨てられたとき、他のすべての対象から区別されて「自我」のサットワの状態だけが残ったとき、それはアスミター・サマーディ（Asmitā samādhi：表中の4）と呼ばれます。この状態に達した人は、ヴェーダの中で「体意識のない」と言われる状態に達した人です。彼は自分を、粗大な体（肉体）を持たないものとして思うことができます。ですがまだ自分を、精妙な体（幽体）を持つものとして思わなければならず、したがって目標には到達できず、この状態でプラクリティに融合する魂たちは、プラクリティラヤ（prakṛtilaya）と呼ばれます。しかし、そこにさえもとどまらない者たちは、ゴール、すなわち解脱に達するのです」［2］

［1］ヒランニャガルバから生まれた、もっとも精妙で純粋な根本的5要素（空、風、火、水、土）。用語解説の「5つの要素」「宇宙の創造」を参照。
［2］『ラージャ・ヨーガ』130頁（日本ヴェーダーンタ協会）2016年。

アサンプラギャータ・サマーディ（Asamprajñāta samādhi）

　『ヨーガ・スートラ』第1章18節には、サンプラギャータ・サマーディの他にもうひとつサマーディがあると書かれています──「心の活動をすべて止滅させようと絶え間なく実践することで、もうひとつのサマーディを得る。そのサマーディでは、チッタは、あらわれない印象だけを保持する」──これがアサンプラギャータ・サマーディ、解脱へといたるサマーディです。この節で述べられている「あらわれない印象」というのは、チッタが存在するという、非常に精

妙なサムスカーラのことで、記憶や前世と関連したサムスカーラ（用語解説参照）とは異なります。この非常に精妙なサムスカーラは、サンプラギャータ・サマーディではしずまっていても火種はのこっており、まだ何らかの影響をおよぼし堕落する可能性があります。それに対し、アサンプラギャータ・サマーディではその精妙なサムスカーラはあるようにみえても、燃えつきた灰（燃えかす）であり、それが何ら影響をおよぼすことはありません。アサンプラギャータ・サマーディに関するヴィヴェーカーナンダの説明を続けます。

　「これは完全な超意識的アサンプラギャータ・サマーディ、われわれを解脱（用語解説）へみちびく状態です。前に述べたサンプラギャータ・サマーディは解脱をあたえることはなく、魂を解放することはありません。サンプラギャータ・サマーディの状態で人はあらゆる力を獲得するかもしれませんが、それでもふたたび堕落します。魂がプラクリティ（自然の根本的エネルギー）を超越するまでは、安全ではないからです。アサンプラギャータ・サマーディの実践はたやすそうに見えても実はとても困難で、心そのものを瞑想し、考えが起こるとすぐにそれを取り除き、心にいかなる考えも許さず、心を完全な『真空状態』にします。そしてひとたびこの実践が完成すると、まさにその瞬間に、われわれは解脱を得るでしょう。ですが訓練も準備もしていない人がそれをしようと試みても、ほとんどの場合、自分がタマスで覆（おお）われるだけです。タマスは無知の材料です。それは心を不活発にして鈍くし、『自分は心を空（くう）にしている』と勘違いさせます。しかし実際のところ、心を真空にするということは、最大の力を、最高の自己制御力を示すことなのです。

第7章　サンヤマ（ダーラナー、ディヤーナ、サマーディ）

　人が、アサンプラギャータの状態（超越意識）に達すると、そのサマーディは種無し（nirbīja：ニルビージャ）になります。これはどういう意味でしょうか。チッタの波を意識的にしずめて、それらをおさえつけているだけの集中状態のときには、波は「傾向」（サムスカーラ）という形で残っています。そしてこの傾向という種は、時が来るとふたたび波としてあらわれるのです。しかしすべての傾向を破壊し、心の波もほとんど破壊してしまったとき、そのとき、サマーディは種無しになります。心にはもはや、くり返しこの人生を、このやむことのない輪廻転生を、生み出す種はありません。

　この、高度な集中を絶え間なくし続けるアサンプラギャータ・サマーディの実践は、何をもたらすでしょうか。落ちつきのなさや鈍さといったすべての古い傾向と、そして善の傾向までも破壊します。それは、黄金から不純物を除去するときに使われる精製薬品の場合と似ています。鉱石を精錬するとき、精製薬品といっしょに不純物が燃やされるように、不断の自己制御力が、すでにある悪い傾向を止め、最終的には良い傾向をも止めるのです。善悪両方の傾向は抑制し合い、止まります。すると魂――そのどちらにも束縛されない魂は、自身の光輝の中に残され、みずからの全知全能遍在をあらわすでしょう。そのとき自分は、生まれたこともなければ死んだこともなく、天国も地獄も必要とはしないことを知り、来たこともなければ行ったこともない、動いていたのは自然（外部のもの）であった、そしてその動きがただ魂に映っていただけなのだということを知るのです」[1]

［1］『ラージャ・ヨーガ』１３３頁（日本ヴェーダーンタ協会）２０１６年。

超能力

　瞑想をつづけるうちに、力を得ることがあります。私たちはそれを超能力と呼び、超常的なことと思っていますが、実はそれは論理的に理解できるものです。自然を超えた現象が超常現象ですが、これらの力の源はプラクリティ（自然の根本的エネルギー）なので、それは自然なことだからです。ですから超能力という言葉を使うのはま違いなのですが、ではなぜそれを超常的な力だと思ってしまうのでしょうか。それは私たちが心にどれほどの力があるかを知らないからです。しかしヨーギーはこの力の存在を知っています。

　超能力の獲得はサマーディの目的ではありませんが、５要素に集中することによってさまざまな力が得られます。

　サムスカーラを対象にサンヤマ（その対象に集中して瞑想する）してサマーディに入ると、その結果、過去と未来がわかります。ことば（外界の印象）、意味（内的な振動）、知識（知識が生じるところの心の反応）を対象にサンヤマすると、すべての動物の言葉がわかります。たとえばカラス同志でしか理解できない鳴き声の意味がわかるようになります。自分の体にサンヤマすると、肉体をもって人の前にいても他者にはそれが見えません。力強くなりたい人がサマーディの対象として象を選んだら、巨大な力が得られます。

　『ヨーガ・スートラ』の第３章ヴィブーティ・パーダには、どのような対象にサンヤマすると、どのような力を獲得するかについての詳しい記述があります。

第7章　サンヤマ（ダーラナー、ディヤーナ、サマーディ）

①アニマー（aṇimā）……自分の体のサイズを最小の原子にまで小さくする能力

②マヒマー（mahimā）……自分の体のサイズを巨大にする能力

③ガリマー（garimā）……自分の体を重くする能力

④ラギマー（laghimā）……自分の体を軽くする能力

⑤プラープティ（prāpti）……入手困難な物でも場所や距離の制約なく手に入れる能力

⑥プラーカーミヤ（prākāmya）……意志の力ですべてを達成する能力

⑦イーシットヴァ（īśitva）……肉体と感覚を完全に支配し、外界の人や物を創造あるいは破壊する能力

⑧ヴァシットワ（vaśitva）……物体の運動を完全なコントロール下におく能力

プラープティの力があれば、ペルシャの美しい薔薇や時期はずれのマンゴーなど、手に入らないようなものも得ることができます。イーシットヴァの力を使えば、体・心・人・物の創造や破壊ができます。ヴァシットワの力を使えば、すべてのものを移動させたりコントロールしたりすることができます。これら以外にも次のような能力があります。

- 千里眼（遠方のできごとや将来のことを見通す）
- 離れた場所で人が話している言葉を聞く
- 人が心の中で思っていることを見通す
- たちどころに願望をかなえる

- 自在に雨を降らせる
- 耕作せずに作物を得る
- 師について学ぶことなく知識を得る

しかし、パタンジャリは「実践の結果、確かにこのような能力は生じるが、それを使ってみたいと思うと、その人は堕落する」と戒めの言葉をのこしています。これは重要なことなので、心に留めておいてください。

ヴィヴェーカーナンダも、その力について警告しています。彼は「これらの力は、最高の目標である、純粋『自己』の知識や解脱を成就する妨げとなる。それらはいわば途中で出会うものであって、もしそのヨーギーがこれらをしりぞければ、彼は最高目標に達する。しかし、もしこれらの力に誘惑されるなら、彼のそれ以上の進歩はなくなる」[1]、「ヨーギーがこれらすべての驚くべき力を見て、しかもそれらを拒否したとき、彼はゴールに到達する。これらすべての力は何か。それは単なるプラクリティの現れで、夢にすぎない。全能さえひとつの夢である。それは心に依存しているからだ。心があるかぎりはその力を理解できるが、しかしゴールは心さえも超えたところにあるのだ」[2]と述べ、さらに「他の危険もある。ヨーギーを誘惑しよう、堕落させようとして、神々その他の生きものがやってくる。彼らは嫉妬深いので、誰でもが解脱することを望まない。完成に至らずに死ぬヨーギーたちは神々になる。本道を外れて横道のひとつに入ったことで、そのような力を得るのだ。しかし彼らはもう一度、この世に生まれてこなければならない。一方、こうした誘惑に負けないほど強く、まっすぐにゴールに向かって行く

第7章　サンヤマ（ダーラナー、ディヤーナ、サマーディ）

ヨーギーは解脱を得る」［3］と言っています。

　また、シュリー・ラーマクリシュナも折にふれてこの点について警告しました。霊性の修行の目的はお金や名声ではなく、悟りです。霊性の目的である悟りのためには、たとえそのような能力があらわれても、それは避けなければならないと諭（さと）したのです。

　しかし口で言うのは簡単ですが、これは大変難しいことで、「そのような力を使ってみたい」という強い誘惑に抵抗するのはなまやさしいことではないでしょう。周囲の人も、超能力を目の当たりにすると、その力の持ち主を尊敬したり、特別扱いしたりします。すると、ほめられた人の心に名声欲や金銭欲が生まれ、そうした欲望からエゴやうぬぼれが生まれ、最終的に真理から遠ざかっていきます。エゴがなくならないかぎり、悟りは不可能ですが、超能力を使うことによってエゴが増大してしまうのです。聖者たちは、超能力を落とし穴のようなものと見なし、ヨーギーがこのエゴのために堕落して、悟りの道から外れてしまわないように警告しています。ですから、たとえそのような力があらわれたとしても、それは進歩のしるしと受けとめるだけにして、その力には執着しないことがたいせつです。

　あるとき、シュリー・ラーマクリシュナは、まだアサンプラギャータ・サマーディを経験する前のヴィヴェーカーナンダに「ナレン（Naren：ヴィヴェーカーナンダの出家前の名前）、私はいろいろな能力を持っているが、私自身には必要がない。もしおまえがほしいなら、それらの力を全部あげようと思う。その力で人を助けることもできるが、どうだい？」とたずねました。ナレンは「そのような

力はいりません。もし悟った後でその力があらわれたら、そのとき考えます」と答えました。もちろんシュリー・ラーマクリシュナはその返事にたいへん満足しました。[4]

　また別のとき、シュリー・ラーマクリシュナは馬車でドッキネッショルからコルカタに向かっていました。そのときナレンはコルカタの自宅に居たのですが、師の馬車がコルカタから数キロ離れた場所を通過しているときに、千里眼によって師がやって来るところが見えたのです。ナレンが、到着した師にそのことを告げると、シュリー・ラーマクリシュナは「とりあえず、瞑想を休みなさい。その能力が消えたら、また瞑想をはじめなさい」と言いました。これが本当のグルの助言です。そのまま瞑想を続けると、超能力がどんどん強くなり、そのために真理を悟ることが困難になるのを、シュリー・ラーマクリシュナは知っていたのです。

[1]『ラージャ・ヨーガ』２２２頁（日本ヴェーダーンタ協会）２０１６年。
[2] 同２２８頁。
[3] 同２２９頁。
[4]『ラーマクリシュナの生涯　下巻』スワーミー・サーラダーナンダ、４２４頁（日本ヴェーダーンタ協会）２００７年。

最高のサマーディ

　最高の悟りであるアサンプラギャータ・サマーディに入ると、無知は完全に消え、真理と私がひとつになり、私は消えます。これをあらわす言葉が聖典にあります。

第7章　サンヤマ（ダーラナー、ディヤーナ、サマーディ）

アスミン　サマーディヤテー　イティ　サマーディヒ
"Asmin samādhiyate iti samādhiḥ"
［瞑想］と［瞑想の対象］と［瞑想する人］がひとつになる

　この状態に24分48秒集中できれば、心は消滅し、アートマンがあらわれると言われており、これがアサンプラギャータ・サマーディです。「24分48秒」という表現は、アサンプラギャータ・サマーディをイメージするためのものであり、時計で厳密に計ったわけではありません。

　アサンプラギャータ・サマーディを『ヨーガ・スートラ』ではニルビージャ・サマーディ（Nirbīja samādhi）とも言っていますが、それは「ビージャ（種）がない」という意味で、仏教の最終解脱であるニルヴァーナ（欲望がない）という表現と似ています。この種は欲望の種です。種を燃やしてしまえば、燃えつきた種から芽が出ることはありませんが、アサンプラギャータ・サマーディとは欲望の種が燃えつきた状態で、これはニルヴァーナと同じです。

　これに対して、サンプラギャータ・サマーディ（サビージャ・サマーディ（Sabīja samādhi）とも言う）は大変高いレベルではありますが、わずかにサムスカーラや欲望の種が残っている状態で、その種が残っているかぎり、また生まれ変わってマーヤーにとらわれたり、無知の状態に逆もどりしたりするおそれがあります。サンプラギャータ・サマーディはサマーディではあっても、最高のサマーディではないのです。瞑想・瞑想の対象・瞑想者の三者が接近してはいても、まだ一体にはなっておらず、「心が内なる自己の理解（認

識）に没頭している状態」（cognitive absorption）といえます。理解に没頭していると言うとき、瞑想者の内側には「私は内なる自己を理解している」という自我がまだ残っています。私意識がなければ、理解ということはありえないからです。

では最高の状態であるアサンプラギャータ・サマーディの方はどうでしょうか。サンプラギャータ・サマーディとの対比で言うと「超越的理解に没頭している状態」（ultra-cognitive absorption）となります。この状態では「私は理解している」ということへの気づきもなくなり、理解する主体である私（自我）もなくなって、瞑想・瞑想の対象・瞑想者がひとつになっているのです。

『ラーマクリシュナの福音』の中にアサンプラギャータ・サマーディを説明した有名なたとえ話があります――塩で作られた人形が、海にはどれくらいの水があるのか、はかりに行きました。しかし海に入った瞬間、塩人形の体はとけてしまい、彼は二度ともどってくることはありませんでした。[1]

「塩」は自我（私意識）の象徴ですが、最高のサマーディ状態では、知性も心も私意識も存在しなくなるのです。それをウルトラ理解、超越的理解と表現します。

[1]『ラーマクリシュナの福音』１１１頁ほか（日本ヴェーダーンタ協会）２０１４年。

サマーディ（超越意識）を描写した歌

ヴィヴェーカーナンダが作った歌を紹介しましょう。それは私の

第7章 サンヤマ（ダーラナー、ディヤーナ、サマーディ）

知るかぎりではサマーディを描写した唯一の歌です。とても美しく深遠な詩で、彼のドキュメンタリー映画（DVD）の最後にこの歌が流れます。彼自身にアサンプラギャータ・サマーディの経験があったのでこのような詩が書けたのですが、その意味で、このベンガル語の詩の内容には信憑性(しんぴょうせい)があると思います。

（サマーディに入ると）
美しく偉大な自然はすべて消え去り、太陽もなく、
美しい月もなく、かすかな光もない
宇宙は虚空に影のように浮かんでいる
心は存在するが、宇宙は存在していながら存在していない
私意識の中で、
宇宙は現れては消え、消えては現れることを繰り返している
しかしやがてその影も消える
わずかに残っていた私意識もなくなり
空(くう)は空(くう)の中に入る
この状態は心と言葉を超えていて、
経験した者しかそれを理解することはできない

「私意識」という言葉が使われているところは、最終段階のひとつ前のサンプラギャータ・サマーディの描写です。「影」という表現は「見えているけれど、実際は存在しない」ということで、「水は見えるけれども実際には水はどこにもない」という砂漠の蜃気楼(しんきろう)のイメージに似ています。それは非実在を意味していますが、これを悟ると、欲望も執着もなくなります。

彼は「サマーディに入る前、この宇宙は影のように見えていたのが、やがてその影もなくなる。そして影がなくなった後の状態は描写できない」と言っています。そして詩の最後で、影がなくなったあとの状態を「ア・ヴァーン・マナサ・ゴーチャラン」（a-vāñ-manasa-gocaram）と表現しています。「感覚や心では理解できない」と言っているのです。

　これはサマーディの状態を表現することの難しさをあらわしています。最後のアサンプラギャータ・サマーディにいたると「経験した者のみが理解できる」としか言えなくなります。

サマーディは至福の状態

　サマーディという永遠無限な領域のものを、言葉という有限な手段で説明することは非常に困難ですが、イメージを使って説明してみることにしましょう。

「狭い鳥かごに閉じこめられていた鳥が、かごから解き放たれて無限の空に飛び立ったときの、自由で喜びに満ちた気持ち」

「狭い池の中にいた魚が解放されて、広い海を泳ぎまわっているときの解放感や喜び」

　これらは有限から解放され、無限を味わっているイメージで、もしこれをリアルにイメージできたら、少しだけサマーディについてのイメージが湧くかもしれません。

第7章　サンヤマ（ダーラナー、ディヤーナ、サマーディ）

釈迦は、ブッダガヤの菩提樹（ぼだいじゅ）の下で瞑想してニルヴァーナ（解脱）を経験したあと、あまりの法悦（至福）が自分の内側におさまりきらず、7日間おなじ場所を行ったり来たりしてその喜びを表現しました。その足あとからは蓮の花が咲いたと言い伝えられています。「喜びの季節である春のように、悟った人は、人びとに喜びを与える」という状態です。

シュリー・ラーマクリシュナがサマーディに入ったときの写真がありますが、サマーディに入った人は、はかりしれないほどの喜びに満ちています。釈迦やイエスの肖像画は想像で描かれたものですが、シュリー・ラーマクリシュナの姿は写真なので、事実として、想像の次元を超えた説得力があります。

つぎに感覚の喜びと、魂（アートマン）の喜びにどれほどの差があるか、『バガヴァッド・ギーター』からサマーディの境地の句を引用してみましょう。

「その境地にある人は、普通の感覚ではなく純粋の知性によってのみ感じ得る最上の歓喜を味わうこととなり、真理からけっして離れることはない」（第6章21節）
「これにまさるものはないという至高の境地に達すれば、たとえいかなる困難に遭（あ）おうとも、ヨーギーの心は少しも動揺することがない」（第6章22節）
「外界の感覚的快楽に心惹（ひ）かれることなく、つねに内なる真我（アートマン）の楽しみに浸っている人は、つねに至高者（ブラフマン）に心を集中し、限りなき幸福を永遠に味わっている」（第5章21節）

私たちの普通の喜びの源(みなもと)は世俗的一時的な感覚の対象であり、感覚・心・知性のレベルでの喜びです。しかしこのレベルを超越した、内なる自己（アートマン）を源とする喜びがあるのです。それが至福であり、それには限度がありません。ですから喜びの源を外（金、物、知識、娯楽など）ではなく、内に求めてください。心を内に向けてください。外の喜びは有限で一時的、儚(はかな)いものですが、内の喜びは永遠で無限、至福に満ちています。

合一

　ヨーガとは「合一」という意味です。では、何と何が合一するのでしょうか。

　これはパタンジャリ・ヨーガの考え方で言えば、アサンプラギャータ・サマーディに入ると、ヨーギーの純粋な心と自己の本性（パラマートマン）がひとつになる、つまり自分と神がひとつになります。

　ヴェーダーンタ哲学の考え方で言えば、ニルヴィカルパ・サマーディ（Nirvikalpa samādhi）に入ると、瞑想者とブラフマン、アートマンがひとつになります。

　これらは言葉と道（方法）が違うだけで、どのヨーガの方法をとっても目的は達せられます。選択の自由があるということ、さまざまなヨーガのいずれか、あるいは組み合わせて実践できることがヒンドゥ教の特徴です。

　ところで『ヨーガ・スートラ』やシャンカラーチャーリヤの著作などでは、アサンプラギャータ・サマーディ（ニルヴィカルパ・サマーディ）が最高のサマーディとされていますが、はたしてそれは本当でしょうか。

第7章　サンヤマ（ダーラナー、ディヤーナ、サマーディ）

　シュリー・ラーマクリシュナの直弟子のブラフマーナンダジーは「ニルヴィカルパ・サマーディを経験した後から、本当の霊的生活がはじまる」と語っています。この言葉を聞くと、ため息が出るかもしれませんが、ブラフマーナンダジーの言葉はまったくそのとおりなのです。神は無限なのですから、神が無限なら、神の経験も無限であり、ここで終わりということはないのです。

　聖典にはアサンプラギャータ・サマーディが最高だという記述はありますが、シュリー・ラーマクリシュナは「私が経験したことは、ヴェーダやヴェーダーンタに書かれていることより、もっと進んでいた」と言いました。『ラーマクリシュナの福音』の中には、『ヨーガ・スートラ』にもヴェーダーンタの聖典にもない、シュリー・ラーマクリシュナが経験した5種類のサマーディについての記述があります。その5種類はそれぞれ、動物のアリ、魚、鳥、猿、ヘビを使って表現されています。

　「あるとき、リシケシから来ているひとりのサードゥがドッキネッショルに来た。彼は私に『なんという驚くべきことでしょう！　私はあなたの内に5種類のサマーディを拝見します』と言った。
　ちょうど猿が枝から枝へジャンプして飛び移り、1本の木を登っていくように、マハーヴァーユ（mahā vāyu）［1］、つまり大生命力が、ひとつのチャクラから次なるチャクラへとジャンプしながら、脊柱を上昇していく。そして人はサマーディに入る。人は大生命力の上昇を、まるでそれが猿の動きででもあるかのように感じるのだ。
　ちょうど魚がとても嬉しそうに水中をスッスッと泳ぎまわるように、マハーヴァーユも脊柱を上昇していく。そして人はサマーディ

に入る。人は、大生命力の上昇を魚の動きのように感じるのだ。

　枝から枝へとピョンピョンと飛び移る小鳥のように、マハーヴァーユは、いまはこの枝へ、そしてつぎにはその枝へと、肉体という木を上昇していく。人は大生命力の上昇を、まるでそれが小鳥の動きででもあるかのように感じるのだ。

　アリがゆっくりとはって行くように、マハーヴァーユはチャクラからつぎなるチャクラへとゆっくり上昇する。それがサハスラーラに達すると、人はサマーディに入る。人は大生命力の上昇を、アリの動きででもあるかのように感じるのだ。

　ヘビが身をくねらせて進むように、マハーヴァーユは脊柱に沿ってジグザグに上昇し、ついにサハスラーラに到達する。そして人はサマーディに入る。人は大生命力の上昇を、まるでそれがヘビの動きででもあるかのように感じるのだ」[2]

　[1] マハーヴァーユとは、クンダリニーが目覚めて、脊柱を上昇するときに感じられる流れ。宇宙意識、宇宙生命力。
　[2] 『ラーマクリシュナの福音』１０４４頁（日本ヴェーダーンタ協会）２０１４年。

第8章　サマーディの結果

アサンプラギャータ・サマーディを経験した後

　アサンプラギャータ・サマーディを経験した後、人はどうなるのでしょうか。この経験のあと、自分の意志により肉体を捨てる決断をしたヨーギーは、決断から２１日後にこの世を去る、と言われています。それまでの間は、無意識ではありませんが体はまったく動かず、飲食も排泄もしない状態が続きます。このとき医師が体を診ても、病気ではないので何の診断も下せません。そして決断から３週間ほどのち、熟した果実が枝から落ちるように、彼は体を捨てるというのです。

　この説がある一方、そうではない実例もあります。シャンカラーチャーリヤ、釈迦、イエス、シュリー・ラーマクリシュナ、スワーミー・ヴィヴェーカーナンダやスワーミー・ブラフマーナンダなどです。彼らは肉体を捨てることなく、悟った人としてこの世で生きました。

　しかし学者の中にはそれは不可能だという者もいます。塩人形[1]にたとえて、「海水にとけて、海と一体になったものが、ふたたび元の塩人形にもどるということはない。それは非論理的である」という主張です。最高のサマーディに入ると、（塩人形が海と合一し、とけてなくなるように）個人の魂は無限のブラフマンと合一し、自我は消滅します。「一度ブラフマンにとけこんだアートマンが、ふたたび自我を形成するのは不可能だ」というこの主張の論理的根拠

は、かなり強固です。

これに対し、シュリー・ラーマクリシュナは、シャンカラーチャーリヤの例をあげて反論しました。

シャンカラーチャーリヤは、ウパニシャドや『ブラフマ・スートラ』の注釈書などたくさんの著作や美しい賛歌をのこし、仏教学者との議論では彼らを論破して、ヒンドゥ哲学をひろめた聖者です。さらにインド各地に僧院を建て、宗派を創設するなど多くの偉業を成し遂げました。またパタンジャリも、アサンプラギャータ・サマーディを経験してからこの世にもどってきたはずです。そうでなければ『ヨーガ・スートラ』の内容を書くことはできなかったでしょう。

彼らは、なぜサマーディのあとにも生き続けることができたのでしょうか？　すでに自分の人生の目的は達成していた彼らですが、神のご意志によって、人々を教え導くためにこの世にもどってきたのです。

アサンプラギャータ・サマーディを経験した後についての結論は、その最高のサマーディからもどってきた例も、もどらなかった例も、両方あるということです。

　[1] 第7章「最高のサマーディ」の項を参照。

アサンプラギャータ・サマーディの記録

それでは、アサンプラギャータ・サマーディに入るとき、そしてもどってくる途中は、どのような状態なのでしょうか。これに関して私の知るかぎりではただひとつ、特別な記録があります。それはヴィヴェーカーナンダが、シュリー・ラーマクリシュナの恩寵によっ

第8章 サマーディの結果

て、アサンプラギャータ・サマーディを経験したときのものです。ナレンは最高のサマーディに焦がれ、それが欲しい、それが欲しいと、しつこく師シュリー・ラーマクリシュナにせがんでいました。ある晩、その体験は不意にナレンにおとずれたのです。これは『スワーミー・ヴィヴェーカーナンダの生涯』にある記録です。

「いつもどおりに瞑想していると、突然、後頭部にランプが灯ったかのように感じられた。光はますます輝きを増し、とうとう破裂した。ナレンはその光に圧倒されて意識を失った。しばらくして通常の意識が回復してくると、頭以外の体の部分を感じられなくなっていた。
　同じ部屋で瞑想していた兄弟弟子ゴーパール（Gopāl）に、興奮した声で言った。『わたしの体はどこだ？』ゴーパールが答えた。『どうした、ナレン、ここにあるじゃないか。わからないのか？』
　ナレンが死んでしまうのではないかと恐れたゴーパールは、シュリー・ラーマクリシュナの部屋に走った。おだやかだが厳しいムードにあった師は、起こったことに明らかにお気づきだった。ゴーパールの話を聞いた師がおっしゃった。『しばらくそのまま放っておこう。サマーディが欲しいと、ナレンは長い間せがんできたのだからね』
　しばらくの間ナレンは意識を失っていた。通常の意識状態にもどると、言いようのない平安に浸っていた」[1]

ナレンは、こうしてアサンプラギャータ・サマーディから徐々にもどってきました。その過程ではまず、自我意識（「私が」「私の」という意識）がもどり、次に記憶がもどりました。ですがこの時点ではまだ肉体意識がもどっていなかったので、会話の感覚はもどっ

ていたナレンは「私の足はどこだ？ 手はどこだ？」と言ったのです。ゴーパールは手や足をさすりながら「ナレン、君の足はここにあるよ、手はここだよ」と答えたそうです。

このように、いきなりすべてがもどってくるのではなく、自我意識、記憶、感覚、そして最後に肉体意識というように、順番で徐々にもどってくるという記録は、たいへん興味深いことです。何回もアサンプラギャータ・サマーディを経験するようになると、もどるのにそれほど時間がかからなくなるといいます。

ブラフマーナンダジーはこう言っています——アサンプラギャータ・サマーディを１回でも経験する人は非常にまれである。それを２回、３回と経験できる人はさらにまれである。しかしシュリー・ラーマクリシュナは、１日に何回もサマーディに浸っておられた。

この言葉で、シュリー・ラーマクリシュナがどれほど特別であったかがわかるでしょう。『ラーマクリシュナの福音』の中にも、アサンプラギャータ・サマーディからもどってきたシュリー・ラーマクリシュナが、その場にいた顔見知りの人に「あなたはどなたですか？」とたずねるシーンが描かれていますが、その後、まもなくふだんの状態にもどったと記されています。

［１］『スワーミー・ヴィヴェーカーナンダの生涯』８１頁（日本ヴェーダーンタ協会）２０１０年。

ジーヴァンムクタ

ヒンドゥ教の聖典では、「アサンプラギャータ・サマーディから

もどってきた状態」をジーヴァンムクティ（jivanmukti）、「もどってきた人」をジーヴァンムクタ（jivanmukta）と言います。

これらはヒンドゥ教の中でも特別な考え方です。ヒンドゥ教では解脱というと「霊的実践をかさねて、神の恩寵により、死後に解脱する」という考えを指し、「死後の解脱」（ヴィデーハ・ムクティ：vi-deha mukti）［1］のほうが一般的な考えだからです。しかし死後、本当に解脱したとしても、死者はこの世にもどってそれを報告できないのですから確かめようがないではありませんか？

「解脱は実際に可能である」ということを私たちが確認するには、生きた実例が必要です。それがジーヴァンムクタです。

ムクティ（mukti：解脱）の意味は「束縛からの解放」です。束縛とは、肉体の鎖・感覚の鎖・心の鎖・知性の鎖・記憶の鎖・自我の鎖・3つのグナ（guṇa：サットワ、ラジャス、タマス）の鎖・サムスカーラの鎖・カルマの鎖、これらすべての鎖のことです。解脱とは、それらすべての鎖を断ち切って、解放されることです。それを「解放」という消極的表現ではなく積極的表現で言うと、「最高の幸福、最高の平安、最高の力、最高の知識への到達」です。

そしてこの状態を、生きている間に得ることができた人がジーヴァンムクタなのです。

［1］ヴィデーハ（vi-deha）はdeha（体）に接頭辞vi（無）がついたもので、「体意識がない」という意味。ここでは「死後」。

ジーヴァンムクタのさまざまな表現

スワーミー・トゥリーヤーナンダは「永遠に自由であるはずのアー

トマンが、なぜマーヤーである肉体に束縛されているのだろうか？」という疑問を持っていました。聖典を学んだ結果、「アートマンは、肉体に束縛されているという困難な状況でも解脱できるということを経験したかったから」という結論を得ました。これは「アートマンはみずから束縛を求めて肉体に入った」という、とてもユニークな説です。

　ところで、「最高のサマーディを得て、自我がなくなったアートマンが、ふたたび元の形にもどるというのは矛盾ではないか」という疑問については、どのように解決できるでしょうか。これにはホーリー・マザーが「神はご自分の恩寵によって、ブラフマンにとけこんだ個人の意識（魂）をブラフマンの大海から、ふたたび回収するのです」と答えています。

　つまり、サマーディを得た人は自力でもどってくるのではなく、神の力が必要だということです。また神がそうしてくれなければ、この世に、聖典の正しさを証明できる人も、人びとを導く人もいないことでしょう。海に入った塩人形でも、神の恩寵があれば、元の形になってもどってくることはできるのです。

　その美しいたとえ話があります——高い壁がありました。壁のむこうからは、とても楽しそうな歌や音楽が聞こえ、明るい光ももれてきて、そこにはたいへん大きな喜びがあると想像できました。4人の友人が壁のむこう側に何があるのか見てみようと考えました。1人が壁にのぼってむこう側の世界を目撃すると、彼はすぐに壁のむこうに飛びおりてしまいました。2人目も、3人目も、よじ登ってむこうを見ると、すぐに飛びおりてしまいました。4人目の人だけが、壁の上までのぼってむこう側の世界を見ても、むこうの世界

第8章 サマーディの結果

に飛びおりたい衝動をかろうじておさえて、こちら側にもどり、壁のむこう側のようすをこちら側の人びとに伝えました。[1]

壁のむこう側の世界が「至福」であり、4番目の人がアサンプラギャータ・サマーディからもどったジーヴァンムクタです。

シャンカラーチャーリヤが書いた『ヴィヴェーカチューダーマニ』(Vivekacūḍāmaṇi：最高の識別) というヒンドゥ教の聖典には、「ジーヴァンムクタのしるし」があげられています。

- 知性が安定していて、たえず至福の状態にあり、宇宙のできごとに影響されない。
- いつもブラフマンと一体であり、世俗的なことに興味をもたず、欲望がない。
- 解脱の願望がなく、体をもちながら体意識がなく、生死について心配しない。
- 自分の体を影であるかのように考え、自己と同一視しない。
- 過去のことについて考えず、未来について心配せず、現在について無関心である。
- どんなものに対しても好き嫌いの感情を持たず、何を贈られても喜びも悲しみもしない。
- いつも絶対の至福を味わっていて、体・感覚・心に無関心である。
- 体・感覚・住居・親族・義務などについて、「私」意識や「私の」意識がない。
- 自分の本性とブラフマンの本性が同一であると理解し、すべ

ての束縛から解放されている。
- 個人的アートマンとブラフマン、ブラフマンと宇宙とを区別せず、すべてを同等に見る。
- 善人から尊敬されても、悪人から批判されても、まったく気にしない。

『バガヴァッド・ギーター』に出てくる「スティタ・プラッギャ」（sthita-prajña：知性が安定した人）や「グナーティータ」（guṇātīta：3つのグナを超越した人）も［2］ジーヴァンムクタと同じことで、『ヴィヴェーカチューダーマニ』が言う「知性が安定していて」とはスティタ・プラッギャのことです。「解脱の願望がなく」は、すでに解脱しているので当然なことであり、「体をもちながら体意識がなく」は「体の中にいながら本当は体の中にいない」という「デーハスタ　アピナ　デーハスタ」の考え（後述）と同じです。「過去・現在・未来について無関心」なのは、タマスに似ているように思うかもしれませんが、もちろんジーヴァンムクタとタマス的な人はまったく違います。時には両極端のものが同じように見えることがあるので、誤解をしないように気をつけてください。「アートマンとブラフマン、ブラフマンと宇宙を区別しない」のは、真の知識を持っているからです。

［1］『ラーマクリシュナの福音』２２５頁、３２５頁（日本ヴェーダーンタ協会）２０１４年。
［2］『バガヴァッド・ギーター』第２章５５節〜７２節、第１４章２２節〜２７節。

第8章 サマーディの結果

デーハスタ　アピナ　デーハスタ

ジーヴァンムクタには、体も感覚も心もありますが、それらを超越しています。

デーハスタ　アピ　ナ　デーハスタ
"Dehasthaḥ api na dehasthaḥ"
肉体の中にいながら、肉体の中にいない

　肉体に閉じこめられているように見えても、ジーヴァンムクタは肉体の中にはいません。これは肉体意識が強い私たちにとっては理解しにくいことですが、少しイメージしてみましょう。

　私たちは外を歩くとき、自分の影が地面にうつっているかどうかには注意していません。自分と体を同一視してはいますが、影はあくまで影であって、自分の体そのものではないと知っているので影には無関心だからです。同様に、自己と体を同一視せず、自分の本性から見れば、自分の体そのものも影のようなものだと知っているジーヴァンムクタにとって、自分の体は「あってもいい、なくてもいい、なくなってもいい」ものなのです。それが「デーハスタ　アピナ　デーハスタ」です。

　これは理解しにくいことかもしれませんが、このアイディアを聞いて頭に入ったら、少しでもイメージしてみましょう。というのは、「体を持ちながら、体の中にいない」（デーハスタ　アピナ　デーハスタ）という状態を、頭で考えるだけでも、一時的かもしれませんが、肉体意識を弱めて幸せになる、ある程度の効果があるのです。そのためにはまず霊的意識に集中し、熟考するための時間を持つことが必要です。

ジーヴァンムクタの実例

ジーヴァンムクタに関する興味深い例をいくつかあげましょう。

ブラフマーナンダジーにはアサンプラギャータ・サマーディの経験があり、シュリー・ラーマクリシュナの直弟子の中でも「師の霊的な息子」と呼ばれるほど、霊性の高い人でした。これはブラフマーナンダジーがヴィヴェーカーナンダのあとを継いで、ラーマクリシュナ僧団の僧院長になったあとの話です。

彼は僧院でときどき開かれる運営委員会に出席しなければなりませんでしたが、彼の返事はいつもきまって「体調がよくないので次回にします」というもので、まるで出席を避けているようでした。しかし期限までに決めなければならない事がたくさんあります。たまりかねた委員の1人がブラフマーナンダジーに、なぜ委員会への出席を渋るのかをたずねました。答えは「今の私にはこの世界が影のように見えている。そこから心をこの世界に下ろして日常の仕事に集中するのは、私にとってはとても困難なのだ」というものでした。ブラフマーナンダジーの心は、たえず超越の状態（グナーティータ）にあったので、彼にとって非実在と見える、日常のこまごまとした仕事に集中するのはとても困難だったのです。

彼は書類に署名するというような、すぐにでもできそうな簡単な依頼も、先延ばしにすることがありました。ある日兄弟弟子が「今日こそはサインしてもらわないと困ります」と迫ったとき、彼は「私は自分の名前の綴り（スペル）を忘れてしまった」と答えました。ブラフマーナンダジーの心がどんなに高いレベルにあったのか、想

像してください。これは「世界が影のように見えている人」という、とても特殊で、他にはあまり見られない人の状態です。これは想像ではなく、記録された実話です。

スワーミー・ヴィッギャーナーナンダ（Swāmī Vijñānānanda）はシュリー・ラーマクリシュナの直弟子で、出家前はとても有能なエンジニアでした。彼がラーマクリシュナ僧団の僧院長になったとき、アメリカから女性の賓客(ひんきゃく)が訪れ、院のスタッフから簡単な挨拶をしてもてなすように頼まれたことがありました。彼は「私をひとりにしておいてください」とゲストに会うことを嫌がりましたが、挨拶することを強く求められたので「私は何と言えばいいのですか？」とたずねました。挨拶の言葉を思いつかなかったのです。「マハーラージ、とても簡単でいいのです。"Good morning, madam."（おはようございますマダム）とだけおっしゃって下されば」と聞いてゲストと面会したヴィッギャーナーナンダジーは "Good morning, sir." と言ってしまいました。

彼はわざと間違えたわけではありません。世界が影のように見えている人にとって、日常の仕事も、挨拶も、このように容易ではないのです。

「体の中にいながら体の中にいない」、「いつも真理（ブラフマン）とひとつになっている」それが悟った人の状態です。

悟った人の感情

では悟った人に、怒り、執着、憎しみといった感情はないのでしょうか？

普通に考えれば「ない」となりますが、彼らの生涯についての記録を読むと、悟った人にも感情表現があったという記述が見うけられます。イエス、シュリー・ラーマクリシュナ、ヴィヴェーカーナンダ、ブラフマーナンダジーも、怒りや執着の感情を見せたという記録があります。

『ラーマクリシュナの福音』の中には、「普通の人と同じく、怒り、悲しみ、執着の感情を持っているように見えていても、悟った人に、まったくその感情はない。燃やされたロープが地面にあったら、それは形としてはロープに見えるが、風が吹くと灰となって飛び散り、原型をとどめない。悟った人の感情は、そのようなものである」という記述があります。

また「タッチストーンという特別な石で鉄の剣に触れると、それは金の剣に変わり、もはや人を殺すための武器ではなくなる。しかし見た目はどちらも同じ剣である」と言って、外見と実質は異なるということを説明しています。悟った人の怒り、執着、恐れ、悲しみなども、形だけで、実質はないのです。

悟った人のカルマ

「カルマ」という言葉は「儀式」という意味と、「働き」や「義務」という意味がありますが、どちらのカルマにも共通するのが、主体者としての「私」という感覚です。儀式も「私」が執り行いますし、行為も義務も「私」が行い、「私」はその結果を求めます。カルマの特徴は、①「私」が行う、②結果を求める、の２点です。

普通「私」という場合、「体・心」の「私」です。一方、悟った

第 8 章 サマーディの結果

人の「私」とは、「魂意識」としての私、「神の一部分」である私、「神の息子・娘」である私で、悟った人には、「体・心」という意味での「私」はありません。また結果を求めるということについて言えば、悟った人には願い（欲望）がないので、結果を求めることはありません。

ところで、シャンカラーチャーリヤは「ギャーナ（悟り）とカルマは矛盾する」と言っており、これについては多くの議論がなされてきました。一般的な人は「ギャーナも欲しいし、カルマもしたい」と思います。シャンカラーチャーリヤによると、その両立は不可能なはずですが、ここで疑問が生じます。悟った人である当のシャンカラーチャーリヤ本人が、どうしてあれだけ膨大な仕事を成し遂げられたのか、ということです。ヴィヴェーカーナンダも悟った後に西洋に渡り、そこで精力的に活動し、インドにもどってきて僧院を設立しました。

これについて、トゥリーヤーナンダジーはこのように説明しています。「悟った人は外から見ると活動しているように見えても、本当は活動していない。なぜなら『私』が活動しているのではないから。またその活動の目的も自分のためではなく他者のためだから」

この説明も、「悟った人の外見と実質は違う」という説明と同じことになります。「悟った人のカルマは、カルマであって、カルマでない」のです。カルマの特徴である「私」がなく、かつ自分の欲望を満足させるために結果を求めることもないからです。彼らはどんなに働いていても、実は働いていません。ジーヴァンムクタとしてもどってくる理由は、自分のためではなく、人びとを導くためなのです。

悟った人とカルマの法則

「カルマの法則」について考えてみましょう。ここで言う「カルマ」とは、体レベルの働きだけではなく、心のレベルでの働き（考えること）をも含んだ包括的なカルマです。

どのようなカルマも、必ず結果を生じます。たとえば、他人を助ける行為はよい結果、うそをついたり他者を傷つける行為は悪い結果、自分が生きるために食事をする行為はよくも悪くもない結果をもたらします。

そして前世までのすべてのカルマと今生のカルマを合わせたものが、カルマの法則の支配下にあります。[1]

カルマとは、行為そのものだけではなく、行為の結果も含みますが、それは3種類に分類されます。

①サンチタ・カルマ（sañcita karma）：前世（複数）で蓄積されたカルマの全体

②プラーラブダ・カルマ（prārabdha karma）：今生を形成するカルマ（サンチタ・カルマの一部からできている）

③クリヤマーナ・カルマ（kriyamāna karma）：今生で新たに生じるカルマ（結果は今生のこれからの人生か来世であらわれる）

では、悟った人のカルマはどうなっているのでしょうか？

悟った人のサンチタ・カルマは焼きつくされた状態です。焼かれた種からは、もう新しい芽が出ることはありません。

また、プラーラブダ・カルマは、走っている自動車がエンジンを切っても、ブレーキを踏まなければ慣性でしばらく走り続けるよう

に、前世から受け取って今生を始める原因となったプラーラブダ・カルマの勢いで残りの人生をおくります。

　悟った人にはもはや、天国も地獄もありません。またサンチタ・カルマは焼きつくされ消滅していて、今生を終えるときにはクリヤマーナ・カルマも残っていないので、新たなサンチタ・カルマが蓄積されることもありません。

　では悟った人の人生に、彼自身のクリヤマーナ・カルマは影響するのでしょうか？　彼自身は影響を受けませんが、彼を支え、彼を世話する人はその恩恵を受け、また彼を批判し、傷つけようとする人はその報いを受けるといいます。ですが悟った人のカルマには善も悪もなく、彼自身はもはや、みずからのカルマの影響を受けることはないのです。

　『ムンダカ・ウパニシャド』の言葉を紹介します。
　「絶対の真理（ブラフマン）を悟って、求道者のすべてのカルマの結果は消滅する」［2］

[1] 今生のカルマだけと考えている宗教もあるが、ヒンドゥ教、仏教では前世のカルマまで包含する。
[2] 『ムンダカ・ウパニシャド』第2部第2章9節。

第9章　おわりに

悟った人のしるしを学ぶ意義

　私は悟ってもいないし、悟りからもどってきたわけでもない。そんな私が悟った人のしるしについて学ぶことに、何の意味があるのだろうか？　と疑問を抱いている人もいるかもしれません。シャンカラーチャーリヤの注釈書に、次のような記述があります。

　「聖典に書かれている『悟った人のしるし』は、求道者が霊的実践において『目標』とすべき状態である」

　さらに『バガヴァッド・ギーター』では、「悟った人はどのように話し、どのように行動するのですか？」という質問に対し、「人が心の中の欲望をことごとく捨て去り、自己の本性（真我）にのみ満足したとき、その人は真の知識を獲得した超越意識の人（悟りを開いた人）と呼ばれる」（第2章55節）、「苦難に遭っても心乱さず、快楽を追うこともなく、執着と恐れと怒りを己の心から完全に捨て去った人こそ、真の知識を獲得した聖者と呼ばれるのだ」（第2章56節）と、悟った人のしるしについて答え、この状態を目指して実践すべきだと言っています。
　悟りを得るには、本人の努力が絶対に必要です。しかし神の恩寵も非常に重要な要素です。もちろん「悟りたい、サマーディを得たい」という願望をもつこと自体、神の恩寵のひとつです。

悟り（サマーディ）を求める意義

ところで、人がアサンプラギャータ・サマーディを求めるとき、その動機となるものは何でしょうか。

本を読んだり、人から聞いたりして得た知識は、自分が経験したものではありません。ですからどんなに真理について聞き、たくさん勉強しても、正しいイメージを持っているとはかぎりません。頭では理解していても、いざ行動するとなると聖典で勉強したことを忘れてしまうという、知識と行動の矛盾も生じるでしょう。勉強しただけでは、言葉、心、知性のあいだで生じる霊的矛盾の解消はできません。

また、自分の本性がアートマンであり、永遠で無限であると勉強しているにもかかわらず、私たちには死の恐怖や体の健康など、さまざまな心配や恐れ、執着があります。恐れや執着が残っているのはなぜでしょうか。それは、その理解が、自分で実際に経験して得た知識に基づくものではないからです。

しかし、悟った結果得た理解は、自分が実際に経験したものです。悟らなければ、真理についての正しいイメージを持つことはできないのです。

アーヌマーニカ・ギャーナ（ānumānika jñāna：間接的知識、想像で得た知識）、プラテャクシャ・ギャーナ（pratyakṣa jñāna：直接的知識、経験で得た知識）という2種類の知識があります。

真理について、本で学んだり、人から聞いたりして得た知識は、本、人、教師などが介在している間接的知識です。一方、恐れ、執着、心配などは、私たちが実際に経験している直接的経験です。そ

のような問題を、間接的知識によって解決することは不可能なのです。つまり直接経験で心にきざまれた恐れや執着は、間接的知識で解決することはできないということです。その解決には、真理を直接に経験するしかないのです。

「真理を直接経験することにより、直接的知識を得る」これがサマーディです。自分がとらわれている苦しみや悲しみから本当に解放されるためには、真理の直接経験が必須です。そしてそのことを理解すれば、それがサマーディを求める意義となり、モチベーションとなるでしょう。霊的実践の目的は、この直接経験、サマーディです。人生の真の目的はサマーディを得て解脱することです。それによって、すべての苦しみ、悲しみ、疑い、束縛は消え、至福、自由、最高の知識が得られます。

パタンジャリ・ヨーガ実践の結果

パタンジャリ・ヨーガ実践の結果について、ヴィヴェーカーナンダの言葉をもって、本書を終えたいと思います。

「ヨーガの実践は識別力を養い、直感力を明確にする。目からヴェールが落ち、われわれはものをあるがままに見る。われわれは、自然（プラクリティ）は合成物であって、照覧者（観る者）であるプルシャのために、パノラマ（景色、景観）を見せているのだということを知る。自然（プラクリティ）が『主』なのではなく、自然界のすべての結合は、単にそれらの現象を、内なる聖所（シュライン）にすわる王、プルシャに見せるためにすぎないのだと知る。長

い実践によって識別が来るとき、恐怖はやみ、心は孤高の寂静(じゃくじょう)を達成する」[1]

「ヨーギーがこの識別力を得ると、さまざまな力が彼のもとに来るが、真のヨーギーはそれらすべてをしりぞける。彼のもとにはダルマメーガ（dharmamegha）、『徳の雲』と呼ばれる独特の知識、独特の光があらわれる。歴史に記憶されている世界中の偉大な預言者はすべて、これを持っていた。彼らは知識の根底をすべて、彼ら自身の内に見出していたのだ。真理は彼らにとって、現実であった。彼らが力へのうぬぼれを捨てた後は、平安と静けさ、そして完全な清らかさが彼らの本性になっていた」[2]

「知識そのものがそこにある。覆いは取り除かれた。仏教聖典の１つは、ブッダ（これは状態の名称）の意味を『空のように無限な、無限の知識』と定義している。イエスはその境地に達してキリストとなった。すべての人が、その境地に達するであろう」[3]

[1]『ラージャ・ヨーガ』２４８頁（日本ヴェーダーンタ協会）２０１６年。
[2]同２４９頁。
[3]同２５０頁。

用語解説

アーカーシャ　ākāśa
空(くう)、空間、エーテル。ブラフマンから展開する5要素の最初のもので、物質のもっとも精妙な形。すべての要素はついにはその中に溶け込む。

アートマン　Ātman
(個人的なレベルの)純粋な意識。魂。内なる自己。真我。⇒ブラフマン

アーナンダ　ānanda
至福。

アーユルヴェーダ　Āyurveda
ヴェーダの医学。薬草学と外科医学から成り8部門に分かれている。

アヴィヤクタ　avyakta　⇒宇宙の創造

アンタッカラナ　antaḥkaraṇa
心および内部にある精妙な感覚器官。

イーシュワラ　Īśvara

至高の支配者。創造主。神。

5つの要素
サンスクリット語でパンチャ・ブータ（panca bhūta）。空（アーカーシャ：ākāśa あるいはヴョーマ：vyoma）、風（ヴァーユ：vāyu あるいはマルト：marut）、火（テージャス：tejas）、水（アプ：ap）、土（クシティ：kṣiti）。⇒宇宙の創造

ヴィヤーサ・デーヴァ　Vyāsa Deva
ヴィヤーサ・デーヴァは「ブラフマ・スートラ」、「マハーバーラタ叙事詩」、すべてのプラーナ（ヒンドゥ教の神話の書物）、ヨーガ・スートラの注釈書「バーシャ」を書いたとされるがそれぞれが成立した時代がまったく違うので、同じヴィヤーサではないと考えられている。

ヴェーダ　Veda(s)
インド最古にして最高の聖典。リグ・ヴェーダ、サーマ・ヴェーダ、ヤジュル・ヴェーダ、アタルヴァ・ヴェーダの4つがある。ヴェーダの最終部である「知識に関する部分」をウパニシャドという。

ヴェーダーンタ　Vedānta
字義は「ヴェーダの終わり」。ヴェーダの最終部にあたる、ウパニシャドをヴェーダーンタと呼ぶ。ヴェーダーンタ哲学はウパニシャドを中心に研究する学派で六派哲学のひとつ。

用語解説

宇宙の創造

(1) サーンキャ哲学における宇宙の創造

　最初にあるのはプルシャ(純粋精神)とプラクリティ(物質原理)の2者である。純粋精神であるプルシャは何の活動も行わず、ただプルシャを観照している。一方プラクリティは3つのグナ(別項)から構成され、それらの均衡がとれているうちは未顕現なものとして存在する。活動は、プルシャの接触により、プラクリティのグナが均衡を崩すと始まる。そして24の宇宙原理(別項)へと展開する。

(2) ヴェーダーンタ哲学における宇宙の創造

　最初にあるのはブラフマンのみである(ブラフマンは永遠なる一者である)。そこからブラフマンの別の姿であるマーヤー(別項)が生じる。それは、宇宙となって現れる前の潜在状態［宇宙として発芽する前の〝種〟のイメージ］の、プラクリティ(unmanifested prakṛti)、根本エネルギー、アヴィヤクタ(字義は未顕現なもの)、マーヤーである。次の段階が、現れているプラクリティ(manifested prakṛti)であり、これはヒランニャガルバ(字義は金の卵。別項)、ブラフマー(Brahmā：創造神)、イーシュワラとも呼ばれる。次にこのヒランニャガルバから5つの要素(別項)が生まれる。これら5つの要素にはすでに3つのグナ(別項)が備わっていて5つの要素は性質でありながら物質である。宇宙から最初に生まれたこの5要素は、純粋で精妙な要素でありタンマートラ(別項)と呼ばれる。そして次の段階で、精妙な5要素をさまざまな割合で混ぜ合わせた粗大な5要素が生まれ、宇宙は5要素の割合や組み合わせによってつくられる。すなわち［ブラフマン→現れていないプラクリティ→現れているプラクリティ→精妙な5要素(タンマートラ)→粗大な

5要素→すべてのものと生きもの］であるが、ヴェーダーンタ哲学では、すべてはブラフマンの現れだとしている。

ウパニシャド　Upaniṣad(s)
ヴェーダの最終部である「知識に関する部分」。別の名称はヴェーダーンタ。

カルマ・ヨーガ　Karma Yoga
行為のヨーガ。非利己的な働きの道。無執着の働きによって、神との合一を目指す。⇒ヨーガ

ギャーナ・ヨーガ　Jñāna Yoga
知識のヨーガ。知識と識別の道。実在（永遠、絶対、無限）と非実在（一時的）の識別、そして非実在の放棄、およびその他の修行からなる。⇒ヨーガ

グル　guru
霊性の師。

クンダリニー　kuṇḍalinī
あらゆる人の内部に潜在する霊的エネルギー。

解脱（げだつ）
サンスクリット語でムクティ（mukti）。あらゆる束縛からの解放。悟った結果、輪廻転生（生まれ変わり続けること）から解放され、

すべての束縛（苦しみ、悲しみ、疑い、一時的な愛や喜びなど、二元性）が消え、完全な自由を得て、絶対の至福、絶対の知識、サッチダーナンダ（別項）という偉大な結果を得ること。

サードゥ sādhu
高徳の人。通常、出家僧を指す。

サーンキヤ哲学 Sānkhya
六派哲学のひとつ。カピラによって創始された。 ⇒六派哲学

サッチダーナンダ Saccidānanda；Sat-cit-ānanda
字義は「絶対の存在、純粋な意識（知識）、絶対の至福」。真理を知った至福の状態。ブラフマンの一名。

サット sat
実在。

サットワ sattva ⇒3つのグナ

サマーディ samādhi
悟り。神、真理との合一。その状態。⇒瞑想

サムスカーラ saṁskāra
過去の印象の蓄積による、その人の深い傾向。今生で得たものだけではなく前世（複数）から引き継がれた印象も含まれ、潜在意識に

隠れている。そして今の考えや行動に影響を与えている。

サンスクリット語
字義は「完成された言語」。神の言語と称されるほど神聖な波動と美しい発音をもつ、インド・ヨーロッパ語族のインド語。多くのヒンドゥ聖典や仏典はこの語で書かれている。日本では梵語と呼ばれ、日本語の五十音の成立に多大な影響を与えた。

ジーヴァンムクタ　jīvanmukta
字義は「生きている間に解脱した人」。肉体に宿っている間に解脱した魂。

ジーヴァートマン　jīvātman
個別意識をもった魂。体、心、私意識など、有限で非実在のものをみずからの本性だと思い込み、それと同一視している自己。⇒パラマートマン

四住期
サンスクリット語でāśrama（アーシュラマ）という。ヒンドゥ聖典は人生を4つの時期（次の①〜④）に区分するが、どの時期においても、ブラフマンに意識を置いて生活することが重要とされる。①師のもとで禁欲生活を送り聖典を学ぶ学生期（brahmacarya：ブラフマチャリヤ）、②家庭において子孫をもうけ世俗の義務を果たす家住期（gṛhastha：グリハスタ）、③世間から退き森林に隠棲し、瞑想をはじめとした霊性の修行に励む林住期（vānaprastha：ヴァー

ナプラスタ)、④世俗的な欲望を全て放棄しブラフマンのみを追求する遊行期（saṁnyāsa：サンニャーサ）。

シッディ　siddhi
ヨーガ修行の結果得られる「いわゆる超能力」。シッディを持って誕生する人間もいるが、その場合は前世で得たものと考えられる。

シャクティ　śakti
根本的なエネルギー。ブラフマンの創造力。

ジャパ　japa
マントラの意味に心を集中し、繰り返し唱えること。⇒マントラ

スートラ　sūtra
格言。教えを含む簡潔な言葉。

スワーミー　swāmī
字義は「私の主」。おもに出家の僧への尊称。

聖典
サンスクリット語でŚāstra(s)（シャーストラ）、字義は「支配する者」。ヒンドゥ聖典は、他の諸宗教の聖典と違い、数や種類が豊富であることが特筆される。無数のリシ（別項）たちがさまざまな道を通って同一のゴールにたどり着いたこと、また、さまざまな段階の人々に対して真理を説明する必要があることによる。

タマス tamas ⇒3つのグナ

タンマートラ tanmātra(s)
字義は「それのみ」。宇宙の根本的要素。最も純粋で精妙な5要素。⇒宇宙の創造

チット cit
意識。知識という意味もあるが本来は意識。(意識が無ければ知識はない)

24の宇宙原理
サーンキヤ哲学では24の原理(①〜⑧)にプルシャを加えた25のカテゴリーによって宇宙は成立していると考えている。①プラクリィティ(自然の根源力、根本的エネルギー)、②ブッディ(宇宙的な知性)、③アハンカーラ(宇宙的な自我)、④マナス(宇宙的な心)、⑤ギャーネンドリヤ(5つの認識器官。目・耳・鼻・舌・皮膚)、⑥カルメンドリヤ(5つの行動器官。手、足、発声、排泄、生殖器官)、⑦タンマートラ(5つの根本的かつ精妙な要素。精妙で純粋な地・水・火・風・空)⑧マハーブータ(5つの粗大な要素。粗大な地・水・火・風・空)。⇒宇宙の創造

ハート
「霊的なハート」(spiritual heart)、サンスクリット語の hṛdaya(フリダヤ)。瞑想においては、臓器としての心臓と異なり、胸の中心に存在するものとして想定される。そこで神、真理を直観する。「感

じる心」。

バガヴァッド・ギーター　Bhagavad Gītā
字義は「神の歌」。世界的に有名なヒンドゥの代表的聖典。大戦争の直前、神の化身クリシュナが戦士アルジュナに真理を説き聞かせるという形で、大叙事詩「マハーバーラタ」の一部に挿入されている。

バクティ・ヨーガ　Bhakti Yoga
愛と信仰のヨーガ。信仰者がたどる神への愛の道。

ハタヨーガ・プラディーピカー　Haṭhayoga Pradīpikā
ハタヨーガ（肉体的、生理的な面を中心に行ずるヨーガ）の根本経典とされる。

パラマートマン　Paramātman
サッチダーナンダであるところの、至高の自己。⇒ジーヴァートマン、サッチダーナンダ

ヒランニャガルバ　hiraṇyagarbha
ヒランニャ（hiraîya）は金、ガルバ（garbha）は卵という意味。創造過程において、ブラフマンから最初に現れた最高の存在。物質宇宙の創造はヒランニャガルバを通じて行われる。ブラフマー（創造神）、他の呼び名もある。

ヒンドゥ教　Hinduism
インド国民の大半が信仰する宗教であるとともに、インドの社会制度、生活習慣でもある。始源はヴェーダの宗教で、エッセンスはヴェーダーンタ、主点は永遠不変絶対の真理である。それゆえ永遠の宗教（サナータナ・ダルマ）とも呼ばれる。

プラクリティ　Prakṛti
サーンキヤ哲学の用語。自然、根源力、根本的エネルギー。プルシャからの接触により宇宙を創造する。

ブラフマン　Brahman
字義は「偉大な者」。（偉大なレベルの）純粋な意識。究極実在。唯一、絶対、永遠、無限定で、遍満している一切がブラフマンである。⇒アートマン、宇宙の創造（2）

プルシャ　Puruṣa
サーンキヤ哲学の用語。字義は「人」。サーンキヤ哲学によると、純粋意識からなるたくさんの魂。ヴェーダーンタ哲学によると、プルシャは唯一にして、ブラフマンの意。

マーヤー　māyā
根本原質。ブラフマンの力。根本的エネルギー。シャクティ（別項）。無知（別項）。⇒宇宙の創造（2）

マハーバーラタ　Mahābhārata

ヒンドゥの有名な叙事詩。「偉大なバーラタ族の物語」という意味で、バーラタ王朝のパーンドゥ家とクル家による争いを軸に人間の生き方を説き、霊的な気づきを与える。

マントラ　mantra
聖なる力を持つ神秘的な音節。聖句。

3つのグナ
グナとは性質、特徴。3つのグナとはサットワ、ラジャス、タマス。サーンキヤ哲学によると、プラクリティは3つのグナから成っている。サットワ（純質）は神聖、真実、純粋、清らか、慈悲、謙虚、平安、安定、静けさ、調和、バランス、普遍的な愛、単純（シンプルさ）、素朴、親切、非利己的、無欲、無執着、バランスのとれた生活、知識の状態、識別の状態など。ラジャス（激質）は活動的、活発、欲望、執着、野心、働きすぎ、落ちつきがない、不安定、ストレス、競争、嫉妬、知識と無知の混在など。タマス（闇質）は幻惑された状態、鈍い、不活発、暗闇、悲しみ、怠惰、居眠り、動物的、無知の状態など。

無知
霊的な無知。⇒マーヤー

ムクティ　mukti　⇒解脱

瞑想
瞑想の対象について集中して考え続けること。その対象は一時的で

有限なものではなく、無限・永遠・純粋・神聖なもの及びそのシンボルで、真理、ブラフマン、神、オーム、聖者、青空、炎など。瞑想が究極に深まると、瞑想者と瞑想の対象と瞑想という行為自体がひとつになる。それがアサンプラギャータ・サマーディであり、悟りである。

ラージャ・ヨーガ　Rāja Yoga
心の集中によって真理に到達するヨーガ。パタンジャリの『ヨーガ・スートラ』がそれを論じる。

ラジャス　rajas　⇒ 3つのグナ

リシ　ṛṣi
真理を見る人。ヴェーダの教えの啓示を受けた清い魂たち。

輪廻転生
魂が誕生と死を繰り返すこと。

六派哲学　ṣaḍ-darśana
①サーンキヤ（Sānkhya）、②ヨーガ（Yoga）、③ニヤーヤ（Nyāya）、④ヴァイシェーシカ（Vaiśeṣika）、⑤ミーマーンサー（Mīmaṁsā）、⑥ヴェーダーンタ（Vedānta）。

ヨーガ　Yoga
霊的な目的（神、真理との合一）およびそれに至る方法。

ヨーガ・スートラ　Yoga sūtra

パタンジャリが編さんしたヨーガ格言集。8つの段階を踏んで修養する体系的科学的なヨーガの論説・行法。

ヨーガ哲学　Yoga darśana

六派哲学のひとつ。ラージャ・ヨーガに同じ。その根本的経典が『ヨーガ・スートラ』。

ヨーギー　yogi

神、真理との合一を求めて努力する人。1つの霊的修行を取り上げてそれに専念する人。ラージャ・ヨーガの修行者。いかなる条件の下にもゆるがぬ不動心を得た人。神を悟った人。

索 引

ア行

アーカーシャ　136, 187

アーカーラ・マウナ　73

アーサナ　15, 16, 20, 119, 121-133, 135, 138, 159, 174

アートマン　19, 20, 28, 29, 57, 58, 63-65, 85, 92, 96, 97, 116, 148, 150, 154-156, 164, 171, 185, 186, 199, 203, 204, 207, 211, 212, 214, 224

アーナンダ　63, 64

アーヌマーニカ・ギャーナ　224

アーハーラ　160

アープタ　109

アヴァドゥータ　168, 169

アヴィヤクタ　107, 188

アサンプラギャータ・サマーディ　188, 191-193, 197, 198-202, 204, 205, 207-210, 213, 216, 224

アジャガラ・ヴリッティ　71

アジャパー・ジャパ　101

アシュヴァッターマー　41, 42

アシュターンギカ・マールガ　15-17, 23, 25, 29, 32, 33, 122, 147, 177

アステーヤ　31, 46

アスミター・サマーディ（アスミター）　191

アッギャー 149, 152, 155, 156

アッダヤヤナ 77-80

アドブターナンダ（スワーミー・アドブターナンダ） 127

アニマー 195

アヌマーナ・プラマーナ 108

アヌモーディタ 37

アパーナ・ヴァーユ 139-141

アパウルシェーヤ 109

アパラー・ヴィディヤー 76, 77

アパラ・ブラフマン 92, 99

アパリグラハ 31, 49, 50, 66

アヒンサー 31, 33-37, 39, 101

アルジュナ 37, 41, 168

アルターパッティ・プラマーナ 109

イーシットヴァ 195

イーシャ・ウパニシャド 103

イーシュワラ 91, 103, 105-108, 110-112, 118, 142

イーシュワラプラニダーナ 31, 103, 108, 111-115, 118-120, 142

イエス 118, 203, 207, 218, 226

イラー 145, 149, 150

ヴァーチカ 99, 100

ヴァーユ 138-141

ヴァシットワ 195

ヴィヴェーカーナンダ（スワーミー・ヴィヴェーカーナンダ） 14, 18, 23, 24, 53, 70, 76, 93, 148, 175, 177, 179-183, 188, 192, 196, 197,

200, 207-210, 216, 218, 219, 225
ヴィヴェーカチューダーマニ　213, 214
ヴィクシプタ　27, 28
ヴィシュッダ　149, 152, 155
ヴィッギャーナーナンダ（スワーミー・ヴィッギャーナーナンダ）　217
ヴィブーティ・パーダ　17, 194
ヴィヤーサ　13, 14, 124, 125, 172-174
ヴィヤーサ・バーシャ　14
ヴィヤーナ・ヴァーユ　139, 140
ヴェーダ（ヴェーダ聖典）　75, 92, 109, 110,161, 191, 205
ヴェーダーンタ哲学（ヴェーダーンタ）　21, 22, 28, 82, 103, 107, 150, 204
ウダーナ・ヴァーユ　139, 140
ウパーサナー　122
ウパーンシュ　100
ウパヴァーサ　72
ウパニシャッド　65, 75, 88, 92, 97, 208
ウパマーナ・プラマーナ　108
エーカーグラ　27, 28
オージャス　47, 48, 114, 117
オーム　31, 75, 86, 91-99, 101, 102, 147, 148, 167

カ行

カーシュタ・マウナ　73
カーリタ　37

カイヴァリヤ・パーダ　17
カタ・ウパニシャド　92
ガリマー　195
カルマ　140, 157, 164, 211, 218-221
カルマ・ヨーガ　19, 88, 119, 121, 150
ギャーナ・ヨーガ　19, 88, 99, 121, 148, 150, 156
クールマ　141
クシプタ　26, 27, 28
グナ　29, 137, 211, 214, 216
グナーティータ　214, 216
クラ・クンダリニー　150-152
クリカラ　141
クリタ　37
クリヤー・ヨーガ　16
クリヤマーナ・カルマ　220, 221
グル　44, 88, 116, 117, 132, 198
クンダリニー　146, 147, 149-156, 206
クンバカ　141, 142, 144-147, 150, 151

サ行

サーダナー・パーダ　17
サーナンダ・サマーディ（サーナンダ）　187, 190
サーンキヤ哲学（サーンキヤ）　103, 105-107, 111, 188, 189, 191
サヴィタルカ・サマーディ（サヴィタルカ）　187-190

サヴィチャーラ・サマーディ(サヴィチャーラ)　187, 190
サダーナンダ・ヨーギーンドラ　139
サッチダーナンダ　20, 63, 111, 156
サッティヤ　31, 40, 42-44
サット　63, 64
サットワ　28, 29, 83, 84, 187, 191, 211
サハスラーラ　149, 151, 152, 156, 206
サビージャ・サマーディ　199
サマーディ　15-18, 20, 22, 28, 82, 111, 112, 118, 119, 123, 126, 131, 142, 152, 156, 157, 177, 180, 181, 183-186, 187-191, 193, 194, 198-210, 212, 223-225
サマーディ・パーダ　17
サマーナ・ヴァーユ　139, 140
サムスカーラ　22, 25, 29, 100-102, 154, 162, 166, 170, 171, 181, 185, 186, 192-194, 199, 211
サンチタ・カルマ　220, 221
サントーシャ　31, 61, 62, 65, 66, 68-70
サンプラギャータ・サマーディ　188, 191, 192, 199-201
サンヤマ　177, 180, 181, 194
ジーヴァンムクタ　210, 211, 213-216, 219
ジーヴァートマン　20
ジャイギーシャッヴィヤ　173
シャウチャ　31, 53-56, 58, 59
釈迦　17, 35, 36, 56, 57, 75, 88, 101, 110, 118, 202, 203, 207
シャクティ　150, 151, 156

ジャパ　100-102, 116, 117, 119, 154, 174, 175

シャブダ・プラマーナ　109, 110

シャンカラーチャーリヤ　80, 139, 141, 160, 161, 204, 207, 208, 213, 219, 223

シュリー・クリシュナ（クリシュナ）　37, 54

シュリーダラ・スワーミー　139, 141

シュリーマッド・バーガヴァタム　165, 168, 169

シュリー・ラーマクリシュナ　39, 40, 59, 60, 67, 70, 81, 99, 101, 127, 133, 142, 154, 155, 197, 198, 203, 205, 207-210, 216-218

神聖な交わり　84, 85, 114, 155

スシュムナー　149-152, 178

スティタ・プラッギャ　214

スワーステャ・アーサナ　123-126, 129

スワーディシュターナ　151-153

スワーデーヤ　31, 75, 77-82, 84, 86, 89, 91

潜在意識　22, 25, 38, 100, 133, 170, 174, 181-183, 185

タ行

ダーラナー　16, 27, 158, 177-181

ダナンジャヤ　141

タパス　31, 72-74

タマス　28, 29, 63, 83, 84, 114, 115, 185, 187, 190, 192, 211, 214

断食　71-74, 77, 109, 113, 137

タンマートラ　187, 189, 190

チッタ　20, 21, 22, 25, 38, 177, 182, 185, 188, 191, 193

チット　63, 64

チャーンドーギヤ・ウパニシャド　78

チャクラ　146, 147, 149-154, 178, 205, 206

超能力　17, 115, 190, 194, 197, 198

沈黙　72-74

ディヤーナ　16, 20, 27, 119, 177, 179-181

ディヤーナ・アーサナ　124-126, 129, 130, 132, 133

デーヴァダッタ　141

トゥリーヤーナンダ（スワーミー・トゥリーヤーナンダ）　82, 93, 129, 211, 219

ドローナ　41, 42, 167, 168

ナ行

ナーガ　141

ナーグ・マハーシャヤ　59, 60

ナーリィー　149

ナーリィー・シュッディ　144, 145, 147

ニディダャーサナ　82

ニヤマ　16, 20, 29, 31, 32, 53, 103, 118, 119, 159, 174

ニルヴァーナ　183, 199, 203

ニルヴィカルパ・サマーディ　204, 205

ニルヴィタルカ・サマーディ（ニルヴィタルカ）　187, 190

ニルヴィチャーラ・サマーディ（ニルヴィチャーラ）　187, 190

ニルッダ　27, 28

ニルビージャ・サマーディ(ニルビージャ) 199

ハ行

ハート 131, 139, 140, 147, 152, 154, 178

パーニニ 13

バガヴァッド・ギーター 37, 46, 70, 75, 82-85, 112, 113, 115, 129, 137, 165, 203, 214, 223

バラタ王 164

バクティ・スートラ 14, 121

バクティ・ヨーガ 19, 88, 99, 119, 121, 150, 156

ハタヨーガ・プラディーピカー 122

八正道 16, 17

パラー・ヴィディヤー 76, 77

パラ・ブラフマン 92, 99

ハリハラーナンダ(スワーミー・ハリハラーナンダ) 14, 70

ビージャ 199

ヒランニャガルバ 107, 191

ピンガラー 149, 150

プーラカ 141, 146, 148

ブッディ 21, 83, 189

プラーカーミヤ 195

プラーナ 125, 135-139, 141, 150, 151

プラーナーヤーマ 15, 16, 20, 113, 125, 129, 135-138, 141-147, 149, 151, 156-159, 174

プラーナ・ヴァーユ　139-141

プラープティ　195

ブラーフマ・ムフールタ　89, 90

プラーラブダ・カルマ　220, 221

プラクリティ　104, 107, 188, 189, 191, 192, 194, 196, 225

プラクリティリーナ・プルシャ　103-107

プラティパクシャ・バーヴァナー　38

プラティヤーハーラ　16, 20, 22, 125, 147, 158, 159, 161-163, 165-168, 170-176, 179

プラテャクシャ・ギャーナ　224

プラテャクシャ・プラマーナ　108

プラナヴァ　91

ブラフマーナンダ（スワーミー・ブラフマーナンダ）　115, 205, 207, 210, 216, 218

ブラフマ・スートラ　14, 208

ブラフマチャリヤ　31, 47, 48, 114

ブラフマン　18-20, 47, 65, 86, 91-93, 96, 97, 99, 107, 148, 151, 156, 157, 203, 204, 207, 212-214, 217, 221

プルシャ　104, 105, 107, 182, 188, 189, 191, 225

ホーリー・マザー・シュリー・サーラダー・デーヴィー（ホーリー・マザー）　39, 212

マ行

マーナシカ　100

索引

マーヤー　107, 199, 212

マーンドゥーキヤ・ウパニシャド　96

マウナ　72, 73

マドゥスーダナ・サラスワティー　14, 139, 141

マナナ　72, 82, 119

マニプラ　149, 151-155

マハートマー・ガーンディー　62

マハーバーシャ　13

マハーバーラタ　23, 41, 42, 167

マヒマー　195

マントラ　86, 94, 95, 98-100, 103, 113, 116, 117, 119, 132, 146-148, 161

ムーラ　26, 27, 153

ムーラーダーラ　149, 151-153

ムクティ　211

ムンダカ・ウパニシャド　92, 221

モイトゥナ　47

ヤ行

ヤマ　16, 20, 29, 31, 32, 118, 119, 159, 174

ユディシュティラ　41, 42, 167

ヨーガ・スートラ　13, 14, 16-19, 21, 22, 26, 32, 58, 70, 75, 91, 99, 103, 111, 112, 118, 122, 125, 126, 128-130, 132, 133, 142, 147, 156, 182, 191, 194, 199, 204, 205, 208

ヨーガ哲学　14, 16, 22, 32, 103, 105-108, 135

ヨーガハ・チッタ・ヴリッティ・ニローダハ　21, 25, 182, 185

ラ行

ラージャ・ヨーガ　14-16, 18-20, 23, 24, 88, 110, 121, 148, 150, 151, 156, 176, 177, 179-181, 183, 186, 191, 194, 198, 226
ラーマーヌジャ　160
ラーマクリシュナの福音　68, 73, 75, 84, 85, 87, 88, 154, 200, 205, 206, 210, 214, 218
ラギマー　195
ラジャス　28, 29, 83, 84, 137, 138, 187, 190, 211
ラビーンドラナート・タゴール　49
リズミカルな呼吸法　143, 144, 147
レーチャカ　141, 146, 148
六派哲学　13, 14, 103

著者について

スワーミー・メーダサーナンダは、インドのラーマクリシュナ・ミッション直属の大学学長を経て、現在は同ミッションの日本支部、日本ヴェーダーンタ協会(神奈川県逗子市)の会長を務める。日本各地で霊的、哲学的な講話やリトリートを精力的に行っている。これまで膨大な調査を要した『Varanasi at the Crossroads(文明の十字路 ヴァーラーナシー)』、『輪廻転生とカルマの法則』など数冊の著書がある。

Cover design

Mr. Subhabrata Chandra

パタンジャリ・ヨーガの実践
〜そのヒントと例〜

スワーミー・メーダサーナンダ

2019年04月19日 初版第1刷発行
2020年01月19日 改訂版第1刷発行
発行者　日本ヴェーダーンタ協会会長
発行所　日本ヴェーダーンタ協会
　　　　249-0001　神奈川県逗子市久木4-18-1
　　　　電　話　　046-873-0428
　　　　E-mail　　info@vedanta.jp
　　　　Website　vedanta.jp
　　　　FAX　　　046-873-0592
印刷所　モリモト印刷株式会社
万が一、落丁・乱丁の場合は送料当方負担でお取替えいたします。
定価はカバーに表示してあります。
©Nippon Vedánta Kyokai 2020
ISBN978-4-931148-72-7

日本ヴェーダーンタ協会 刊行物

https://vedantajp.com/ショップ/

書 籍

輪廻転生とカルマの法則［改訂版］ 価格 1000 円（B6 判、188 頁）日本語が原作となる初の本。生や死、活動、インド哲学が説く解脱等、人生の重要な問題を扱っています。人生の問題に真剣に答えを求めている人々に役立ちます。

ラーマクリシュナの福音 価格 5000円（A5判、上製、1324頁）近代インド最大の聖者ラーマクリシュナの言葉を直に読むことができる待望の書。改訂版として再販。

瞑想と霊性の生活1　価格 1000 円（B6 判、232 頁）スワーミー・ヤティシュワラーナンダ。灯台の光のように霊性の旅路を照らし続け、誠実な魂たちに霊的知識を伝える重要な概念書の第1巻。

瞑想と霊性の生活2　価格 1000 円（B6、240 頁）灯台の光のように霊性の旅路を照らし続け、誠実な魂たちに霊的知識を伝える重要な概念書の第2巻。

瞑想と霊性の生活3　価格 1000 円（B6 判、226 頁）本書は実践上のヒントに富んだ、霊性の生活のすばらしい手引書であり、日本語版最終巻であるこの第3巻には、原書の残りの章のうち重要なもののほとんどが収録されています。

永遠の伴侶［改訂版］価格 1300 円（B6 判、332 頁）至高の世界に生き続けた霊性の人、スワーミー・ブラフマーナンダジーの伝記、語録と追憶記も含む。

秘められたインド［改訂版］ 価格 1400 円（B6、442 頁）哲学者 P・ブラントンが真のヨーギーを求めてインドを遍歴し、沈黙の聖者ラーマナ・マハリシに会う。

ウパニシャド［改訂版］価格 1500 円（B6、276 頁）ヒンドゥ教の最も古く重要な聖典です。ヴェーダーンタ哲学はウパニシャドに基づいています。

ナーラダ・バクティ・スートラ　価格 800 円（B6、184 頁）聖者ナーラダによる信仰の道の格言集。著名な出家僧による注釈入り。

ヴィヴェーカーナンダの物語［改訂版］価格 900 円（B6 判、132 頁）スワーミー・ヴィヴェーカーナンダの生涯における注目すべきできごとと彼の言葉。

最高の愛 価格 900 円（B6 判、140 頁）スワーミー・ヴィヴェーカーナンダによる信仰（純粋な愛）の道に関する深い洞察と実践の書。

調和の預言者 価格 1000 円（B6 判,180 頁）スワーミー・テジャサーナンダ著。スワーミー・ヴィヴェーカーナンダの生涯の他にメッセージ等を含む。

立ち上がれ 目覚めよ 価格 500 円（文庫版、76 頁）スワーミー・ヴィヴェーカーナンダのメッセージをコンパクトにまとめた。

100 の Q&A 価格 900 円（B6 判、100 頁）人間関係、心の平安、霊的な生活とヒンドゥー教について質疑応答集。スワーミー・メーダサーナンダ著。

永遠の物語 価格 1000 円（B6 判、124 頁）（バイリンガル本）心の糧になるさまざまな短篇集。

ラーマクリシュナの福音要約版 上巻　価格 1000 円（文庫判、304 頁）「ラーマクリシュナの福音」の全訳からの主要部分をまとめた要約版上巻。

ラーマクリシュナの福音要約版 下巻［改訂版］ 定価 1000 円（文庫判、392 頁）「ラーマクリシュナの福音」の全訳からの主要部分をまとめた要約版下巻。

わが師 700 円 (B6 判、246 頁) スワーミージー講演集。「わが師（スワーミーが彼の師ラーマクリシュナを語る)」、「シカゴ講演集」、「インドの賢者たち」その他を含む。

ヒンドゥイズム 1000 円 (B6 判,266 頁) ヒンドゥの信仰と哲学の根本原理を分かりやすく解説した一般教養書。

霊性の師たちの生涯 700円（B6判、301頁）ラーマクリシュナ、サーラダー・デーヴィーおよびスワーミー・ヴィヴェーカーナンダの伝記。

神を求めて 560円（B6判、263頁）ラーマクリシュナの高弟、禁欲と瞑想の聖者スワーミー・トゥリャーナンダの生涯。

スワーミー・ヴィヴェーカーナンダと日本 価格1000円（B6判、152頁）スワーミーと日本との関連性をまとめた。スワーミー・メーダサーナンダ著。

インスパイアリング・メッセージVol.1 価格900円（文庫版変形、152頁）世界の偉大な預言者のメッセージを集めた小冊子です。

インスパイアリング・メッセージVol.2 価格900円（文庫版変形、136頁）世界の偉大な預言者のメッセージを集めた小冊子の第2弾です。

はじめてのヴェーダーンタ 価格1000円（B6判、144頁）はじめてインド思想のヴェーダーンタに触れる方々のために書かれたもの。

真実の愛と勇気（ラーマクリシュナの弟子たちの足跡）価格1900円（B6判、424頁）出家した弟子16人の伝記と教えが収められている。

シュリーマッド・バーガヴァタム［改訂版］価格1600円（B6判、306頁）神人シュリー・クリシュナや多くの聖者、信者、王の生涯の貴重な霊性の教えが語られている。

ラーマクリシュナの生涯（上巻）価格4900円（A5判、772頁）伝記。その希有の霊的修行と結果を忠実に、かつ詳細に記録。

ラーマクリシュナの生涯（下巻）現在品切中、(A5判、608頁）伝記の決定版の下巻。

バガヴァッド・ギーター 価格1400円（B6変形、220頁、ハードカバー）ローマ字とカタカナに転写したサンスクリット原典とその日本語訳。

抜粋ラーマクリシュナの福音 価格1500円（B6判、436頁）1907年、「福音」の著者みずからが、その要所をぬき出して英訳、出版した。改訂2版。

最高をめざして 価格1000円（B6判、244頁）ラーマクリシュナ僧団・奉仕団の第6代の長、スワーミー・ヴィラジャーナンダが出家・在家両方の弟子たちのために説いた最高の目標に達するための教え。

カルマ・ヨーガ 価格1000円（新書判、214頁）ヴィヴェーカーナンダ講話集。無執着で働くことによって自己放棄を得る方法を説く。

バクティ・ヨーガ 価格1000円（新書判、192頁）同上。人格神信仰の論理的根拠、実践の方法及びその究極の境地を説く。

ギャーナ・ヨーガ 価格1400円（新書判、352頁）同上。哲学的思索により実在と非実在を識別し、真理に到達する方法を説く。

ラージャ・ヨーガ 価格1000円（新書判、242頁）同上。精神集中等によって、真理に至る方法を説く。

シカゴ講話集 価格500円（文庫判、64頁）シカゴで行われた世界宗教会議でのスワーミー・ヴィヴェーカーナンダの全講演。

ラーマクリシュナ僧団の三位一体と理想と活動 価格900円（B6判、128頁）僧団の歴史と活動および日本ヴェーダーンタ協会の歴史がわかりやすく解説されている。

霊性の修行 価格900円（B6判、168頁）第12代僧院長スワーミー・ブーテーシャーナンダジーによる日本での講話。霊性の修行に関する深遠、そして実践的な講話集。

インド賢者物語 価格900円（B5判、72頁、2色刷り）スワーミー・ヴィヴェーカーナンダ伝記絵本。

CD

CD ガヤットリー108 1200円（約79分）このマントラは、深遠な意味と高い霊的忘我のムードがあることから、インドの霊的伝統で最も有名なマントラ（真言）の一つです。

CD マハームリトゥンジャヤ・マントラ108 1200円（約73分）。このマントラは、インドの霊的伝統

に基づく有名なマントラ（真言）の一つで、強い霊的波動と加護の力を持つことから広く唱えられています。
新版：CD マントラム 1200 円（約 66 分）。インドと日本の朗唱集。インドおよび日本の僧侶による。心を穏やかにし、瞑想を助けます。
シュリー・ラーマクリシュナ・アラティ　価格 2000 円（約 60 分）毎日ラーマクリシュナ・ミッションで夕拝に歌われているもの、他に朗詠等を含む。
シヴァ‐バジャン（シヴァのマントラと賛歌　価格 2000 円（約 75 分）　シヴァに捧げるマントラと賛歌が甘美な声で歌われ、静寂と平安をもたらす。
こころに咲く花　～やすらぎの信仰歌～　価格 1500 円（約 46 分）　日本語賛歌 CD です。主に神とインドの預言者の歌で神を信じる誰もが楽しめる内容。
ラヴィ・シャンカール、シタール　価格 1900 円 世界的な演奏家によるシタール演奏。瞑想などの BGM に。
ハリ・プラサード、フルート　価格 1900 円 インド著名な演奏家によるフルート演奏。瞑想などの BGM に。
ディッヴァ・ギーティ（神聖な歌）Vol. 1～3　各価格 2000 円（約 60 分）聞く人のハートに慰めと純粋な喜びをもたらし、神への歓喜を呼び覚ます歌です。
ディヤーナム（瞑想）　価格 2000 円（77:50 分）信仰の道（バクティ・ヨーガ）、識別の道（ギャーナ・ヨーガ）の瞑想方法を収録。
普遍の祈りと賛歌　価格 2000 円（44:58 分）サンスクリット語の朗誦と賛歌によるヴェーダ・マントラ。
シュリマッド・バガヴァッド・ギーター（3 枚組）価格 5000 円（75:27、67:17、68:00 分）サンスクリット語。インドの聖なる英知と至高の知恵の朗誦、全 18 章完全収録。
シュリマッド・バガヴァッド・ギーター選集　価格 2200 円（79:06 分）上記のギーター 3 枚組より抜粋し、1 枚にまとめた CD。

電子書籍（現在アマゾンのみの販売）

書籍（キンドル版）の QR コード。最新のものからすべて見ることができます。
https://goo.gl/haJxdc

雑誌（同版）、最近の雑誌を一冊ごとにキンドル化。
https://goo.gl/rFHLnX

雑誌合本総合（同版）、年ごとの合本〔初期は 12 冊〕。１９６４年よりスタート。
https://goo.gl/AgQAs2

書籍・雑誌総合（キンドル版）。両方の最新のものからすべて見ることができます。
https://goo.gl/HbVHR2

※電子書籍は随時発行中。
※その他　線香、写真、数珠などあります。サイト閲覧又はカタログをご請求ください。
※価格・内容は、予告なく変更の可能性があります。ショップサイトで最新の情報をご確認ください。

会　員

・協会会員には、雑誌講読を主とする準会員（1 年間５０００円、3 年間１３０００円、5 年間２１０００円）と協会の維持を助けてくれる正会員（1 年間１５０００円またはそれ以上）があります。正・準会員には年 6 回、奇数月発行の会誌「不滅の言葉」と、催し物のご案内をお送り致します。また協会の物品購入に関して準会員は１５％引き、正会員２５％引きとなります。（協会直販のみ）（会員の会費には税はつきません）
・https://vedantajp.com/ 会員 / からも申込できます。